Margrit Jütte

# Der Heilgesang

## Von der seelentiefen Reise eines mutigen Vogels

Autorin: Margrit Jütte, www-margrit-juette.de
Umschlag-Illustration: Ulrike Hirsch, www.ulrike-hirsch.de
Lektorat: Johannes Höffling, www.einfach-bessere-texte.com
Korrektorat: Silke Lunnebach & Sabine Spiehl
Porträtfoto: ©Erik Engelhardt, www.f-amaro.de

ISBN: 9781521005705
Imprint: Independently published
Amazon Kindle Direct Publishing KDP
Printed in Germany

*Für Marie Cielo, Papa Golden Bear und*
*die Heilervögel jenseits des Ozeans.*

# Inhalt

# Im Saal der goldenen Scheiben

Es war einmal ein kleiner goldgelber Vogel. Sein Name war Amarí und er lebte gemeinsam mit vielen anderen Vögeln in einem prachtvollen Saal, dessen Wände ganz und gar aus goldgelbem Spiegelglas bestanden. Man nannte diesen Ort den Saal der goldenen Scheiben. Die goldgelben Spiegelscheiben bewegten und drehten sich immerzu und die wunderbarsten Farben und Formen erschienen darin. Eine solch strahlende Herrlichkeit und Buntheit ging von diesen Scheiben aus, dass kaum eine größere Pracht vorstellbar war.

Die Vögel, die im Saal der goldenen Scheiben wohnten, waren ebenfalls ganz und gar bunt. Kein Vogel glich dem anderen, ein jeder hatte ein Gefieder mit ganz eigenen Farben – Grün, Rot, Blau, Rotblau, Grünrot, oder Grünrotblau mit Rosa und Weiß und Schwarz und so weiter. Wenn die Vögel in die goldenen Spiegel blickten, dann konnten sie sich ihrer bunten Gefieder und anmutigen Gestalten erfreuen, die sich wiederum mit weiteren farbigen Erscheinungen in den Spiegeln zu großen Kunstwerken verwoben, so dass oftmals das eine nicht mehr von dem anderen zu unterscheiden war. Zugleich erfreuten sie sich auf diese Weise auch der bunten Gefieder ihrer Gefährten, die sich, wenn sie nicht unmittelbar vor den Spiegeln standen, doch stets in deren Nähe aufhielten, um keines der Farbenspiele zu verpassen. Die goldenen Scheiben ließen mit ihrem Glanz und ihren fantastischen Bildern den Saal so zauberhaft und leuchtend erscheinen, dass sich die Bewohner dieser Welt gar nicht satt sehen konnten. Und eben weil das alles so zauberhaft und wunderbar war, widmeten sich die Vögel beinahe ausschließlich den goldgelben Spiegeln und den darin sichtbaren bunten Spiegelungen.

Für Amarí war der Blick in die goldenen Scheiben nicht derselbe wie für seine bunten Gefährten, war doch sein Federkleid von der gleichen Farbe wie die Spiegelscheiben, nämlich goldgelb. Sogar sein Schnabel wie auch seine Beinchen hatten diese Farbe. Und ein gänzlich goldgelber Vogel in goldgelbem Spiegelglas gespiegelt – da ließ sich nun einmal nicht viel erkennen, wie sehr man sich beim Hinschauen auch mühen mochte. So kam es, dass Amarí im Saal der goldenen Scheiben kaum einen Schatten von sich selbst sehen konnte. Und seine Gefährten, die die funkelnden Spiegel sehr lieb hatten, da sie in ihnen ihre bunten Federkleider bewundern konnten, auch sie vermochten den goldgelben Vogel nicht zu erkennen. Es sei denn, sie schauten ihn ganz direkt an. Doch seit es die goldenen Scheiben gab – und die gab es schon sehr, sehr lange, so lange, dass die farbenfrohen Vögel das Leben ohne sie nur noch aus alten Geschichten kannte, die sie längst nicht mehr glaubten – hatten sie aufgehört, sich direkt anzuschauen. Die Spiegelungen waren tausendmal schöner.

Wenn sie nicht gerade dabei waren, frisches Futter zu beschaffen, dann verbrachten die Bewohner des Saales der goldenen Scheiben ihre Zeit hauptsächlich damit, in die Spiegel zu schauen. Und weil dies hier etwas so ganz und gar Selbstverständliches war, tat Amarí es den anderen gleich, ungeachtet des Umstandes, dass er sich selbst kaum in den Spiegeln erkennen konnte. „Ach, könnte ich mich selbst doch auch einmal so sehen, wie die anderen sich sehen können", dachte er dabei sehr oft, und dann wurde es ihm ganz traurig zumute in seinem kleinen Vogelherz. Doch suchte Amarí wieder einmal verzweifelt nach seinem eigenen Bild in den Scheiben, dann erkannte er lediglich zwei kleine schwarze Kreise mit je einem winzigen Stern in der Mitte, die wohl seine Augen sein mussten. Die Sternchen darin waren allerdings so klein, dass er sie nur an solchen Tagen sehen konnte, an denen sein Blick besonders geschärft war oder an denen die Sternchen besonders stark funkelten oder beides gleichzeitig.

Trotz seines traurigen Herzens war Amarí kein Miesmuffel und so etwas wie Neid lag ihm fern. Vielmehr begnügte er sich meistens damit, seinen Kameraden bei ihren Tänzen und Drehungen zuzuschauen und dabei ihre strahlenden und kreiselnden Farben zu bewundern. Ohne dass sich Amarí dessen bewusst war, hatte er nicht zuletzt auch deswegen so viele Freunde. „Guck mal, Amarí!" sagten zum Beispiel der kecke grüne Olai und die kleine rote Nentu jeden Morgen zu ihm, während sie sich vor den spiegelnden Scheiben hin und her drehten und so manches Kunststück vollführten.

„Wie gefalle ich dir?"

„Und hier, sieh mal das!"

„Wunderbar", freute sich Amarí aufrichtigen Herzens mit seinen Kameraden.

So verging die Zeit im Land der bunten Vögel. Die Scheiben drehten sich tagein und tagaus und nahmen jedes Bild mit sich, um es durch ein neues zu ersetzen, das dem vorherigen mehr oder weniger glich.

# Nichts mehr wie zuvor

Eines Tages erlebte Amarí etwas Merkwürdiges. Während er vor den goldenen Scheiben saß und sich wie so oft vergeblich bemühte, sein Ebenbild zu erhaschen, glitt sein Blick in die Mitte der zwei schwarzen Punkte, die seine Augen waren. Die Sternchen darin funkelten heute besonders intensiv und als er sie näher betrachtete, erschienen plötzlich seltsame Muster darin. Je länger Amarí diese seine Augensternchen anschaute, desto größer wuchsen die Muster hervor und wurden immer größer und weiter. Es war, als ob er durch zwei kleine Fenster blickte, die wachsend schließlich zu einem großen Fenster verschmolzen. Amarí sah jetzt ein unendlich tiefes Blau, durch das mit sanfter Bewegung weiße Federn unterschiedlicher Formen zogen. Auch konnte er einen großen Stern erkennen, der so hell leuchtete, dass Amarí seinen Blick von ihm abwenden musste. Ein sanftes, raunendes Wehen trug dem kleinen Vogel Gerüche zu, die er nie zuvor wahrgenommen hatte. Und er hörte Musik, viel Musik – Töne, die er noch nie zuvor vernommen hatte und die ihm doch vertraut erschienen, Töne, die sein Herz erschauern ließen vor Sehnsucht nach Weite. Auf einmal wurde es Amarí vor lauter Herzklopfen so schwindlig, dass er die Augen schließen musste. Und als er sie kurz darauf wieder öffnete, da erschien vor ihm wieder das gewohnte Bild – zwei kleine schwarze Ringe, die im Scheibengold hin und her blinkerten. Verstört sprang Amarí auf seinen Lieblingsplatz, den dicken Ast eines alten Kastanienbaumes, um sich zu beruhigen.

„Hey Amarí!“, riefen ihm seine Freunde in den nächsten Tagen immer wieder von den goldgelben Spiegeln aus zu. „Was ist denn los mit dir? Komm doch her und freu dich mit uns!“ Doch Amarí hatte plötzlich Angst davor, wieder in die Spiegelscheiben zu schauen. Noch viel mehr fürchtete er sich aber davor, jemandem von seinem Erlebnis zu erzählen. Und doch ließ es ihm keine Ruhe. Auf der Suche nach einer Erklärung erzählte Amarí den anderen Vögeln einige Tage später von seinem Erlebnis und fragte herum, was es wohl bedeuten könnte. „Na, da hat dir deine Fantasie aber einen hübschen Streich gespielt“, entgegneten einige seiner Freunde und lachten. Andere nahmen die Sache ernster und wunderten sich mit ihm, vergaßen das Ganze dann jedoch gleich wieder. Aber der kleine Vogel ließ nicht locker und fragte weiter, auch auf die Gefahr hin, wiederum ausgelacht zu werden.

Schließlich kam er zu Professor Aberschnabel, einem alten Vogel, der als sehr belesen galt. Alle schauten zu ihm auf, wenn er mit wissendem Blick durch seine Brille lugte und auswendig Zitate aus großen Werken zum Besten gab. Nachdem ihm Amarí von seinem Erlebnis erzählt hatte, fragte Professor Aberschnabel, ob er diese Ideen nicht vielleicht aus diesem oder jenem Buch herausgepickt habe. Dabei schaute er ihn aus seinen wässrig grünen, zwar sehr gescheiten, aber irgendwie traurigen Augen durchdringend an. Amarí antwortete, dass er von gar keinem der von dem Professor aufgezählten Schriftvögel jemals auch nur ein einziges Vogelbuch gelesen habe. Professor Aberschnabel schüttelte daraufhin verwundert den Kopf und murmelte etwas vom Ursprung der Kunst und den Archetypen der Vogelheit. Das klang in Amarís Ohren zwar sehr gelehrt, aber es half ihm nicht wirklich, sein Erlebnis zu begreifen. So durchquerte Amarí fast den ganzen Tag über den Saal der goldenen Scheiben, ohne eine Antwort zu finden, die ihn auch nur ein kleines bisschen hätte befriedigen können. Als er am Nachmittag wieder zurück zu seinem Kastanienbaum kam, fühlte sich Amarí sehr erschöpft. Traurig blickte er um sich und bemerkte die zielstrebigen Bewegungen seiner Gefährten, die scheinbar genau wussten, was sie taten und worum es in ihrem Leben ging. Nur er selbst hatte das Gefühl, gar nichts mehr zu wissen. Das bereitete ihm nicht nur Unbehagen, sondern auch Angst.

Vor lauter Denken und Grübeln wurde Amarí ganz krank. Kein Blatt schmeckte ihm mehr. All die prächtigen Farben im Saal der goldenen Scheiben erschienen ihm überhaupt nicht mehr so prächtig und strahlend wie früher und kaum ein Lachen konnte ihn mehr anstecken. Sein Magen fühlte sich an, als läge ein großer schwerer Stein darin.

# Eine einschneidende Begegnung

Eines Tages gab es im Saal der goldenen Scheiben eine große Versammlung. Dazu reisten die klügsten Vögel von nah und von fern an. Sie kamen aus verschiedenen Richtungen und nutzten für ihre Reise die zahlreichen Gänge, über die der Saal der goldenen Scheiben mit dem bronzenen, dem silbernen und dem stählernen sowie mit vielen anderen Sälen verbunden war. Mit vereintem Forscherdrang wollte man bei dieser Versammlung herausfinden, mit welcher Drehgeschwindigkeit die Scheiben am besten rotierten und welche Farben am besten geeignet wären, um die wirkungsvollsten Effekte zu erzielen. Da die Scheiben eines jeden Saales nicht nur eine andere Farbe besaßen, sondern auch in verschiedene Richtungen und mit unterschiedlichen Geschwindigkeiten rotierten, erwartete man einen regen Austausch sowie mannigfaltige Verbesserungsvorschläge für alle Anwesenden. Allerhand versprach man sich von diesem Treffen für die Zukunft. Folglich nahmen daran besonders belesene Vögel teil, die darauf brannten, ihre Gedanken vorzutragen. Doch es kamen auch sehr viele neugierige Zuhörer – darunter Amarí.

Nun geschah es aber, dass jeder Vortragende in seiner Rede die Drehzahl und Farbe der eigenen Scheiben als die besten und einzig geeigneten hervortat, und statt von Austausch und gegenseitigem Lernen sprach man nun von Toleranz gegenüber den Vögeln aus einer ‚andersfarbigen Rotation'. Dabei begannen einige jetzt erst recht, nur die eigene als die einzig richtige Lebenswelt anzuerkennen, worüber bald ein großer Streit losbrach.

Inmitten der größten Zetereien, Zänkereien und Anschuldigungen wegen einer angeblichen ‚Verunglimpfung der Vogelheit' ob der Tatsache, dass in einem Saal die Scheiben silberfarben waren, etwas Unglaubliches sei dies, hämmerte es plötzlich so laut, dass alles verstummte. Ein Vogel mit silbernem Gefieder, der bisher stumm am Rand gesessen hatte, erhob sich. Er war alt und hager, wirkte aber trotz des Krückstocks, der unter seinem rechten Flügel klemmte, keinesfalls gebrechlich. Leise raunten sich einige Anwesende zu, dieser Vogel stamme wohl selbst aus dem Saal der silbernen Scheiben. Der aber hämmerte daraufhin noch einmal mit seinem Stock auf den Boden und wieder war es still. Streng durchbohrte er die Anwesenden mit seinen leuchtend blauen Augen. Dann sagte er mit fester Stimme: „Egal, welche Farbe eure Spiegelscheiben haben. Ganz gleich, wie schnell oder wie langsam sie sich drehen. Ihr könnt auch die Drehrichtung ändern. Und doch werdet ihr so niemals wirklich sehen!" Dies gesprochen, begab er sich, ohne irgendeine Reaktion abzuwarten, auf seinen Krückstock gestützt gen Ausgang.

Noch immer verharrte die Versammlung im Schweigen und alle schauten dem Alten verwundert nach, bis dieser gänzlich verschwunden war. Hier und da räusperte sich jemand verlegen, aber schon bald nahm man die Diskussion wieder auf, ganz so, als sei nichts geschehen. Bezüglich des ‚Zwischenfalls' wurde gemunkelt, der silberfarbene Vogel sei ziemlich alt und schon etwas senil und ihm gefiele wohl außerdem der Schnaps. Vertreter aus dem Reich der goldenen und kupferfarbenen Scheiben nahmen den Vorfall als willkommenen Beweis dafür, dass silberne Scheiben sicherlich nicht gesund für die Vogelgesellschaft sein können, wenn solche Gedanken gegen die eigene Art entstünden. Die Streitereien brachen erneut los.

Amarí war von dem Auftritt des silbergefiederten Vogels tief beeindruckt. Er musste ihn unbedingt finden und mit ihm sprechen! Am besten sofort! Also verließ auch er die Versammlung, um den Fremden zu suchen. Schließlich fand Amarí den Alten unweit der Versammlungshalle unter einer großen Eiche sitzend. Irgendwie spürte der kleine Vogel so etwas wie Angst, als er sich dem silbernen Vogel näherte, aber er ging dennoch auf ihn zu, denn das Verlangen nach einer Antwort, die ihn von seiner Schwermut heilen könnte, war weitaus stärker. Amarí atmete tief durch, bevor er einen Gruß aussprach, doch da hatte ihn der Alte auch schon bemerkt. Ohne seinen Blick von der seltsamen Ferne, in die er gerichtet war, zu lösen, sagte er freundlich: „Wie heißt du und woher kommst du, mein Freund?“ „Mein Name ist Amarí und ich wohne im Saal der goldenen Scheiben.“

Der silberne Vogel schaute nun auf und musterte seinen goldgelben Besucher aufmerksam. Für einen kurzen Moment schienen seine strahlend blauen Augen zu lächeln. Doch gleich darauf wandte er sich wieder jenem ungewissen Punkt in der Ferne zu. Ohne ihn nochmals anzuschauen, hieß er Amarí mit einem Flügelwink neben sich Platz zu nehmen. Nach einer Weile hielt Amarí die Stille nicht mehr aus: „Man sagt, Sie kommen aus dem Saal der silbernen Scheiben, stimmt das?“ „So ist es“, antwortete der Alte sanft und hüllte sich wieder in Schweigen. „Ich kann mir vorstellen, dass Sie sich als silberner Vogel im Reich der silbernen Scheiben in den Spiegeln ebenso wenig sehen wie ich mich im Saal der goldenen Scheiben“, fuhr Amarí nach einer Weile vorsichtig fort. „Was siehst du denn?“, entgegnete der Alte neugierig. „Also ich sehe … Ich sehe in etwa das, was man sieht, wenn man kristallklares Wasser auf silbernem Flussgestein beobachtet. Man kann die Umrisse seiner Bewegungen wahrnehmen, aber vielmehr nicht.“

Amarí sprach erst sehr zögerlich, doch dann hielt er es nicht mehr aus und platzte los. In einem sprudelnden Strom erzählte er von seinem Erlebnis, den Mustern, dem Stern, den Düften und Klängen, seiner Angst, seiner Traurigkeit und den zwar gut gemeinten, aber so wenig hilfreichen Beruhigungsfloskeln und Antworten, die er von seinen Kameraden und Lehrern auf seine Fragen erhalten hatte. Dabei kam er tüchtig ins Schwitzen und nach einer kurzen Atempause frage er noch, ob es denn wohl sinnvoll sei, in einen der anderen Säle auszuwandern, wo die Scheiben eine andere Farbe hatten.

Der alte Vogel antwortete zunächst mit einem tiefen „Hmmmmh“ und schwieg dann. „Die Antworten“, fuhr er nach einer langen Pause fort, „die dir deine Gefährten und Lehrer gaben, sind zwar alle auf ihre Weise richtig, jedoch ebenso unvollkommen. Was du gesehen hast, das kennt man hier heute meist nur noch aus Märchen und aus der Poesie.“ Er schaute Amarí jetzt direkt in die Augen. „Was du gesehen hast, könnte vielleicht eine Einladung sein.“ „Eine Einladung?“ Amarí war verwirrt. „Ja. Eine Einladung, hinter die goldenen Scheiben zu blicken, den Blickwinkel zu ändern, einen Raum jenseits dieser Räume zu betreten.“ Wieder machte der Silberne eine Pause, und wieder war sein Blick dabei in die Ferne gerichtet. „In der Welt, aus der du kommst, kannst du nur noch wenig Halt finden, und deshalb empfindest du Angst, Angst vor dem Unbekannten. Doch du wirst dich dem stellen müssen, denn umkehren kannst du nicht.“

Der silbergefiederte Vogel sah Amarí jetzt so durchdringend an, dass Amarís Herz immer schneller klopfte. Dann sprach er weiter: „Viele Tode müssen wir in diesem Universum sterben, mein Freund, kleine, größere und manchmal sehr große. Bis wir verstehen, dass das, was wir fürchten, eigentlich eine Möglichkeit ist, die uns das Leben schenkt, um es besser zu begreifen. Du könntest mit mir ins Land der Silberspiegel kommen oder aber auch ins Land der bronzenen Scheiben reisen. Doch das, was du dort sehen wirst, wird anstatt mehr eher weniger sein.“

Amarí war verwundert und auch etwas enttäuscht. Auswandern nützte also nichts, dachte er traurig. Der Alte hatte Amarís Enttäuschung bemerkt und fuhr fort: „Die Welt im Reich der Spiegelscheiben gleich welcher Farbe ist eine Welt, deren Bewohner leider zum größten Teil das Sehen verlernt haben. Sie nehmen lediglich Abbilder ihrer Eitelkeiten wahr. Du hast die Möglichkeit, das Sehen wieder zu erlernen, denn du hast ein Fenster gefunden.“

Amarí schaute dem Alten schüchtern, aber aufmerksam in die Augen und war wiederum fasziniert von dem besonderen Glanz, den sie ausstrahlten. Vieles wollte er noch fragen, fand jedoch keine Worte und blieb lieber still.

„*Wanao Resambí*", sagte der Alte, nachdem sie noch eine Weile still beieinander gesessen hatten. „Und viel Glück mein Freund!" „*Wanao Resambí*", flüsterte Amarí zurück. Den Silbergefiederten schon gehen zu lassen fiel ihm schwer.

Um Amarí hatte sich eine eigenartige Stille ausgebreitet. Nur das Laub des Eichenbaumes, dessen moosbedeckte Wurzeln dem Vogel ein weiches Kissen boten, raschelte sanft im zaghaften Lufthauch dieses Nachmittages. *Wanao Resambí* – das musste die Sprache der Alten sein, von der einst sein Geschichtslehrer gesprochen hatte. Ihren Nutzen für die Welt habe diese Sprache jedoch verloren. Ob sie überhaupt je einen hatte, das könne man heute nicht mehr ermessen.

# Der Traum

Amarí blieb noch eine ganze Weile nachdenklich unter der alten Eiche sitzen und lauschte den Geräuschen, die ihn umgaben. Dabei fiel ihm ein, dass er den Alten noch nicht einmal nach seinem Namen gefragt hatte. Darüber ärgerte er sich nun. Erst bei Anbruch der Dunkelheit kehrte er zu den anderen zurück. Die Versammlung hatte sich bereits aufgelöst, hier und da standen jedoch noch kleine Grüppchen, die nach wie vor über Drehzahlen fachsimpelten. Amarí verspürte nicht die geringste Lust, mit irgendjemandem zu reden und begab sich direkt zu seinem Schlafast im Kastanienbaum. Ewig wendete er seine Flügel hin und her, ohne die ersehnte Ruhe zu finden, bis er irgendwann doch noch in einen tiefen Schlaf fiel.

Spät in der Nacht wurde Amarí durch einen starken Luftzug geweckt und beschloss, zum Schlafen doch lieber eine besser geschützte Stelle aufzusuchen. Im Halbschlaf hüpfte er von der Kastanie und schlurfte an den Spiegelscheiben vorbei. Doch plötzlich blieb er wie angewurzelt stehen. Was war das? In dem nächtlich schwach schimmernden Gold des Spiegels sah Amarí einen großen Berg. Er schaute genauer hin und im nächsten Moment fand er sich auch schon auf einer Klippe des Berges wieder. Eine tiefe Schlucht tat sich vor ihm auf und er wusste nicht recht, ob in seinem Inneren das Gefühl der Angst oder das der Freude überwog. Der Wind blies aus dem Tal herauf. Amarí schloss die Augen und konnte dem Wunsch nicht widerstehen, sich einfach fallenzulassen, mitten hinein in dieses so unwirklich wirklich scheinende Bild. Da war es auch schon passiert. Der Boden unter seinen Füßen war verschwunden und Amarí fiel und fiel und alles drehte sich um und in ihm.

„Du musst deine Flügel bewegen!" ertönte eine Stimme. „Beweg deine Flügel…! Die Flüüüüüüügel!" Zögernd breitete Amarí seine Flügel aus und begann, sie langsam nach unten und dann nach oben zu bewegen. Das war gar nicht so leicht, denn der Wind war immer stärker geworden während er fiel. Doch je kräftiger er die Flügel bewegte, desto schwächer wurde der Wind. Schließlich wurde Amarí Herr seiner Bewegungen und segelte sanft dahin. Er war froh und erstaunt gleichzeitig.

„Sowas! Da hat man dir Flügel gegeben und du benutzt sie nicht! Was denkst du, wozu man die sonst hat? Zum Ohrfeigen verteilen etwa?", hörte Amarí wieder die Stimme neben sich und drehte sich in deren Richtung. Aber ehe er noch etwas erkennen konnte, brüllte die Stimme: „Voooooooorsicht!" – Doch da war es auch schon zu spät. Es gab einen großen Krach und der kleine Vogel hing, nachdem er sich kräftig den Schnabel eingeschlagen hatte, in einer Baumkrone fest. Es krachte erneut. Und dann gleich ein drittes Mal. Amarí segelte gen Boden, wo ihn glücklicherweise ein weiches Moosbett auffing. Kurz darauf stob noch eine Lawine dünner Zweige und Blätter herab und landete auf seinem Kopf.

„Na, das steht dir aber gut. Da hast du aber eine hübsche Krone auf!" Trotz dieser Verspottung klang die fremde Stimme hell und freundlich. Amarí schüttelte kräftig den Kopf. Nun musste er selbst lachen, wenngleich ihm der Schreck noch in den Gliedern saß.

„Bist du etwa noch nie geflogen?“ Endlich. Zu der Stimme gesellte sich jetzt ein Bild. Vor Amarí stand ein strahlend weißer Vogel, etwa so groß wie er selbst, mit ein paar einzelnen bunten Federn auf dem Kopf, die lustig in alle Richtungen abstanden. „Ich heiße Salinok“, stellte er sich vor und reichte dem verdutzten Amarí den linken Flügel. „Amarí“, entgegnete dieser und wusste nicht, was er sagen sollte. Zu groß war sein Staunen, war er doch soeben tatsächlich das erste Mal in seinem Leben geflogen!

„Ich weiß, wie du heißt. Ich hab dich nämlich schon einmal gesehen, oben im See. Willst du ihn sehen?“ Und ohne Amarís Antwort abzuwarten flog Salinok los. Amarí musste erst einmal den Staub aus den Flügeln schütteln, ehe er wirklich zum Aufbruch bereit war. Doch fiel es ihm plötzlich so leicht, sich in die Lüfte zu erheben, als hätte er noch nie etwas anderes getan. Wenig später hatte er Salinok bereits eingeholt. Nun flogen die beiden nebeneinander über ein dicht bewaldetes Tal mit vielen üppig und bunt bewachsenen Lichtungen, schwangen sich dann immer höher in die Luft, bis sie sich schließlich im Schatten eines Berges am Ufer eines großen Sees niederließen. Der Berggipfel spiegelte sich hell und erhaben im türkisfarbenen Wasser, in dem Amarí jedoch auch noch weitere Farben ausmachen konnte. Grüne, violette, rosarote und sogar purpurfarbene Lichtstrahlen webten ihren Glanz auf der sanft zitternden Oberfläche des gigantischen Wasserauges. Waren diese Farben einfach Lichtreflexe, oder stiegen sie aus der Wassertiefe empor? Sein Begleiter saß ganz still mit geschlossenen Augen. Amarí spürte, dass er dieses Schweigen nicht unterbrechen sollte. Also beschloss er, sich weiter an den Farben des Sees zu erfreuen. Doch was war das? Er sah in ein Gesicht, das ihm irgendwie bekannt vorkam. Amarí schaute es an und das Gesicht schaute zurück. Er runzelte die Stirn, das Gesicht tat es ihm gleich. Konnte das möglich sein?

„Ja, nun schau dich nur an!", sagte Salinok. „Das wolltest du doch so lange schon, DICH sehen." „J… ja", stotterte Amarí und betrachtete sein Ebenbild. Ein goldgelber Vogel blickte ihm entgegen. Er war … hübsch! War das wirklich er selbst? So sah er aus? Er konnte es nicht fassen, dass er sich endlich sehen konnte und schaute und staunte und staunte und schaute. Es dauerte sehr lange, bis er wieder sprechen konnte.

„Ach Salinok, du kannst dir das nicht vorstellen. Ich hatte fast nicht mehr gehofft, dass ich mich eines Tages doch noch sehen würde. Und jetzt ist es so einfach, ich kann mich ganz leicht erkennen!" Eine Träne kullerte in den See, das Spiegelbild zitterte und verschwand. Dafür hatte das Wasser jetzt eine milchig türkise Farbe. „Ooooh", entfuhr es dem enttäuschten Amarí, der fragend zu seinen neuen Freund blickte. Salinok runzelte die Stirn. „Weißt du, jetzt hast du dich gesehen, das ist gut so. Aber indem du dein Spiegelbild anschaust, kannst du dich noch lange nicht erkennen. Du siehst lediglich deine äußere Erscheinung. Verwechsle das nicht, Kleiner!"

Salinok blickte ihn jetzt neugierig aus seinen grüngelben Augen an und fragte nochmals: „Und, wie war das Fliegen?" Amarí holte tief Luft. „Also, am Anfang hatte ich ganz schön Angst. Aber dann war es so, als hätte ich es schon immer gekonnt, ganz seltsam, aber auch ganz wunderbar war das, naja, bis der Baum kam." Salinok lächelte amüsiert, schaute jedoch plötzlich sehr ungläubig. „Fliegt ihr denn überhaupt nicht, dort, wo du herkommst?" „Nein, nie. Wir hüpfen", antwortete Amarí. „Im Ernst?" Salinok schaute jetzt noch verwunderter drein. Amarí zuckte nur mit den Flügeln. Salinok schüttelte fassungslos seinen Kopf, was seinen bunten Kopfschmuck ebenso fassungslos umherwirbeln ließ. „Was seid ihr nur für komische Vögel! Da habt ihr nun Flügel und fliegt überhaupt nicht!" Dann pickte er im Sand herum und begann kleine Kiesel in das Wasser zu werfen, wobei ein lustiges Platschen ertönte.

„Sag mal Salinok, kann ich dich etwas fragen?" „Klar doch!", antwortete jener, ohne seinen Zeitvertreib zu unterbrechen. „Du hast vorhin gesagt, du hättest mich schon einmal gesehen, hier, in diesem See. Wie kann das möglich sein? Und woher wusstest du, dass ich komme und wann? Denn schließlich schienst du mich bereits erwartet zu haben, also musstest du es wissen? Und… wo sind wir hier eigentlich?" Salinok ließ erst etliche weitere Steinchen in den See hüpfen, ehe er auf Amarís Frage einging. Dann hielt er inne und blickte Amarí direkt in die Augen. „Deine erste Frage kann ich nicht beantworten, denn ich weiß nicht, wie ich die Worte dafür finden soll. Es gibt Dinge, die passieren einfach. Die lassen sich nicht so einfach erklären. Es gibt Antworten, die liegen in einem Bereich jenseits des Denkens, einem Bereich, den du dir selbst zugänglich machen musst. Was deine zweite Frage angeht:

Dieses Land hier wird das Waldland genannt.“ Nun schaute Salinok wieder auf den See, und während er von neuem begann, Steinchen aufzuheben, sagte er: „Hey, jetzt grübel mal nicht so viel! Los! Spiel lieber mit! Welcher Kiesel macht die meisten Hüpfer!?“

Amarí war zunächst mit den Gedanken ganz woanders. ‚Waldland‘, dachte er immer wieder. Die Steinchen, die er warf, plumpsten sofort in den See, statt über die Wasseroberfläche zu hüpfen. Doch nach einer Weile schien es ihm, als würde sein Kopf mit jedem geworfenen Kiesel freier und dementsprechend flogen und hüpften auch seine Steinchen leichter und behänder. Das Wasser spritzte und schmatzte nur so und warf leuchtende Kringel nach allen Seiten. Der kleine Vogel hatte nun so viel Spaß an ihrem Spiel, dass er alles andere vergaß. Er hielt erst inne, als er auf der anderen Seite des Sees zwei Gestalten ausmachte. „Wer sind die?“, fragte er Salinok, der die beiden ebenfalls bereits entdeckt und das Steinchenspiel unterbrochen hatte. Einer der beiden Vögel war grün und trug unglaublich viele bunte Federn auf dem Kopf. Amarí dachte dabei an eine Krone. Der andere Vogel besaß ein silbernes Gefieder. „Der Grüne ist Querubín, einer der weisesten Vögel hierzulande. Und der Silberne mit dem Stab unter seinem Flügel, das ist Silberfeder. Aber den müsstest du eigentlich kennen, er hat jedenfalls schon einmal von dir gesprochen.“ „Von mir gesprochen?“, Amarí nahm die beiden noch genauer in den Blick und konnte nun von weitem auch den Stab erkennen. Aber das war doch, nein, wie war das möglich? Der alte silberne Vogel aus dem Saal der silbernen Scheiben, er war es! Amarí war jetzt ganz aufgeregt. „Ja, ich kenne ihn, aber ich kannte seinen Namen nicht. Doch wie kommt es, dass er hier ist?“ Salinok sah immer noch zur anderen Seite des Sees. „Die beiden sind gute Freunde. Und wenn ich mich nicht irre, machen sie heute ein Ritual für den See. Oder besser gesagt für die Schlange im See, denn sie ist leider krank.“

„Wie, in dem See hier wohnt eine Schlange?“ Amarí schaute ihn ungläubig an. „Aber ja!“, Salinok schien überrascht. „Achso, das kannst du ja noch gar nicht wissen, bist ja neu hier“, sagte er lächelnd, ohne jegliche Spur von Überheblichkeit. „Nun, dieser See ist ein besonderer Ort. Vor langer Zeit ist eine Schlange aus dem See an Land gekommen, sie verwandelte sich zu einer Art Vogelwesen und brachte die ersten Vögel zur Welt. Als ihre Zeit auf der Erde beendet war, wurde sie wieder zu einer Schlange und ging zurück in den See. Dort lebt sie bis heute. Und wenn es ihr schlecht geht, dann geht es auch dem See schlecht und dann ist es um alles Wasser schlecht bestellt. So ist das. Man sagt übrigens auch, der See sei so etwas wie ein Tunnel.“

Amarí hatte noch nie derartige Dinge gehört. Wie sollte er sie verstehen? Er schaute nun mit anderen Augen auf und in den See, der sich inzwischen dunkel gefärbt hatte. Amarí blickte noch tiefer hinein in diese geheimnisvolle Dunkelheit, vernahm ein Dröhnen, sah Kreise und Augen, die ihn direkt anschauten und dabei immerzu ihre Farbe änderten. Er dachte etwas, an das er sich schon im nächsten Moment nicht mehr erinnern konnte. Wieder erklang ein Dröhnen, noch tiefer, noch lauter als das vorherige; er meinte auch ganz aus der Tiefe ein Fauchen und Knurren und sogar ein Stöhnen, Wimmern und Weinen zu vernehmen. Ihm schwindelte.

Als er es nicht mehr aushielt, riss er seinen Blick los und schaute zu Salinok. Doch der war nicht mehr da. Stattdessen sah er nun einen Ort, der ihm wohlbekannt war. Beinahe wäre Amarí vor Schreck von seinem Schlafast gefallen: Er befand sich wieder im Saal der goldenen Scheiben.

# Fremde Heimat

Nachdem Amarí den Schreck etwas verdaut hatte, fühlte er eine bleierne Müdigkeit in allen Gliedern und fiel in einen tiefen traumlosen Schlaf. Als er wieder erwachte, wusste er nicht, wie lange er geschlafen hatte, aber er verspürte einen immensen Hunger. In Windeseile sammelte er einen riesigen Berg frischer Nüsse zusammen und verspeiste diesen mit großem Appetit. Zum Nachtisch genehmigte er sich einige frische Triebe seines Kastanienbaumes. Die mochte er besonders gern, weshalb er damit sehr sparsam umging. Satt und zufrieden setzte er sich wenig später in eine Ecke. Er fühlte sich angenehm belebt und war voller Verwunderung, aber auch voller Freude über seine nächtlichen Erlebnisse. Die durchlebten Eindrücke waren in seinem Herzen und in seinem kleinen Körper noch so präsent, dass es ihm nun wie ein Traum erschien, auf einmal wieder hier in seiner Heimat zu sein. Zögernd blickte er sich um.

Der Tag im Saal der goldenen Scheiben begann. Alle Vögel kamen in Bewegung. Alles war wie immer. Nichts hatte sich verändert. Amarí aber war nicht mehr derselbe wie zuvor. Und er spürte, dass er das auch nie mehr sein würde. Jeder hier wusste scheinbar genau, was zu tun war, alles schien selbstverständlich. Doch Amarí begriff dieses Treiben nicht mehr. Worum ging es hier eigentlich? Alle schienen ihm selbstgefällig und äußerst zielgerichtet ziellos durcheinander zu hüpfen.

„Beinahe lächerlich!“, dachte Amarí und erschrak über seine eigenen Gedanken. Nein, er wollte nicht überheblich sein. Er verstand einfach seine Welt und seine Gefährten nicht mehr. Doch hatte er dies jemals wirklich getan? Oder hatte er sich einfach nur mit den Dingen abgefunden, weil sie eben so waren oder so sein zu müssen schienen? Doch da war noch etwas. Fliegen! Wieso flog hier niemand? Es war doch eigentlich so einfach, wenn man nur daran glaubte, dass man es konnte! Und während sich Amarí lebhaft an sein erstes Flugerlebnis erinnerte, breiteten sich wie von selbst seine Flügel aus.

„Was machst du denn da?“, keifte jemand mit strengem Ton. Amarí schaute erschrocken auf. Vor seinem Kastanienbaum stand ein blassblauer Vogel mittleren Alters mit einem runden roten Bauch. Der Dicke fuhr nun in einem freundlicheren Ton fort, ja, er wirkte jetzt sogar fast etwas unsicher: „Oh, ich dachte … ich meinte … also, du sahst aus, als ob du meintest, fliegen zu wollen.“ Daraufhin kratzte er sich nervös den Schnabel. Beschwichtigend fuhr er fort: „Entschuldige, hast dich wohl bloß gestreckt, denn das wäre ja sonst auch zu blöd. Ich hab nichts gesagt“, und hüpfte, so schnell es sein Gewicht zuließ, davon.

Amarí verspürte einen sonderbaren Stich in der Herzgegend. Dass Vögel nicht zum Fliegen geboren wurden, das war seit dem Leben und Wirken des großen Psychologenvogels Sieglog eine ebenso unumstößliche wie vogelweit bekannte Lebensregel. Der letzte Vogel, der versucht hatte zu fliegen, war schließlich in ein Hospital eingeliefert und für unheilbar verrückt erklärt worden. Und das lag schon sehr viele Jahre zurück.

„Ach, es war eben doch nur ein Traum!“, dachte Amarí und ließ den Kopf hängen. Wenn er letzte Nacht nur geträumt hatte, dann konnte er ja gar nicht wirklich fliegen, dann war er nie wirklich geflogen! Andererseits fühlte er alles Erlebte noch so genau, dass ihm dieser Traum ganz echt vorkam. Ein verzweifeltes ‚Ach! ‘ entfuhr dem goldgelben Vogel.

Von nun an wurde Amarí von Tag zu Tag immer unglücklicher. Nicht einmal essen wollte er mehr. War nach dem ersten sonderbaren Erlebnis ein Stein in seinem Magen gelegen, so war es nun ein ganzes Gebirge. „Ach, hätte ich das alles doch nie geträumt!“, wünschte er sich. Denn was ihn im Traum so glücklich gemacht hatte, machte ihn nun noch viel unzufriedener. Warum konnte er nicht einfach ein ganz normales Leben haben, wie alle anderen hier? Sie machten sich nicht solche Gedanken! Sie waren einfach da und taten, was man eben so tut und freuten sich darüber. Warum nur konnte er nicht so fühlen wie sie?!

Einigen seiner alten Freunde war sein Stimmungswandel aufgefallen. Doch hielten sie Abstand. Nur ein Vogelmädchen mit orangefarbenen Federn und einem hübsch geschwungenen grünen Schnabel sprach ihn eines Tages an, was Amarí überraschte, hatten sie doch bisher nur ein einziges Mal miteinander gesprochen. Sie hieß Lerla, daran erinnerte er sich noch. „Was hast du, Amarí? Du siehst in letzter Zeit immer so traurig aus!“ Sie war auf einen benachbarten Ast gehüpft und schaute ihn mitfühlend an.

„So?“

Amarí verspürte nicht wirklich Lust, Lerla von sich zu erzählen. Aber er fand es doch sehr nett, dass sie nach ihm fragte. Also wollte er ihr zumindest ansatzweise erklären, was er selbst nicht verstand.

„Stell dir vor, du lebst in einem Bild, aber du weißt nicht, dass es ein Bild ist. Und eines Tages springst du aus dem Bild heraus und alles wird plötzlich so … so … lebendig! Doch dann musst du zurück. Und dann ist dir zwar bewusst, dass du dich in einem Bild befindest, aber das macht es noch viel schlimmer, eben weil du schon etwas anderes kennengelernt hast.“ Amarí schaute etwas verlegen zu Lerla und frage: „Kannst du mir folgen?“ „Ja, ich glaube schon“, sagte Lerla, auf deren Stirn eine kleine Falte aufgetaucht war. „Und das macht dich so traurig?“ „Ja.“

Amarí war beeindruckt, dass ihn das Vogelmädchen zu verstehen schien und betrachtete sie nun genauer. Sie hatte tiefschwarze Augen, die Klugheit verrieten. Und sie schaute Amarí tatsächlich direkt an, was hier im Saal der goldenen Scheiben äußerst selten vorkam. „Und jetzt fehlt dir etwas und du bist unglücklich“, fuhr sie fort.

Amarí nickte. In Lerlas schwarzen Augen sah er sein Ebenbild.

„Hallo, hörst du mir zu?!“ Amarí erschrak. Lerla hatte ihn aus einem Tagtraum geweckt, in den er beim Blick in ihre Augen versunken sein musste. Es war ihm peinlich. „Ich dachte schon, du bist taub!“, spöttelte das Vogelmädchen liebevoll. Dann wurde Lerlas Gesicht ernst. „Wieso springst du nicht einfach wieder aus dem Bild heraus, hinein ins Lebendige, wenn es dir dort so gut gefallen hat?“ „Ja, wenn ich nur wüsste wie! Seit diesem Traum habe ich so etwas nicht mehr erlebt“, antwortete Amarí. „Und überhaupt träumt man doch nur im Schlaf. Und dann wacht man auf und ist wieder in der richtigen Welt." Lerla warf ihm einen seltsamen Blick zu, den Amarí nicht zu deuten vermochte. „Ich hab das noch nie jemandem erzählt, aber ich kann im Traum Dinge, die ich sonst nicht kann." Lerla schaute verlegen. „Wirklich? Was denn so? Etwa … fliegen?", tastete sich Amarí vorsichtig vor. „Fliegen!" Lerla strahlte. „Wirklich?" „Ja, du auch?" „Bisher einmal. Und es war so wunderbar. Und ich möchte es wieder können, verstehst du? Und überhaupt, da war noch viel mehr." Amarí dachte an Salinok, an den See mit dem sonderbaren Farbspiel und natürlich an sein eigenes Spiegelbild, das er an jenem Ort zum ersten Mal in seinem Leben hatte sehen dürfen.

„Du scheinst nicht traurig darüber zu sein, es nur im Traum zu können", stellte Amarí fest. „Nein, das bin ich nicht. Im Traum fliege ich und wenn ich nicht träume, dann tanze und hüpfe ich", lachte Lerla keck. Sie ist eine echte Frohnatur, dachte Amarí beeindruckt. Glücklich lachten sie über ihr gemeinsames Geheimnis und ein jeder von ihnen war in seinem Herzen gleichermaßen froh, endlich jemanden gefunden zu haben, der ihn verstand. „Ich muss jetzt gehen", sagte Lerla. „Amarí?!" Ihre Stimme klang jetzt leise. „Ja, Lerla?" „Du musst nur Geduld haben. Du wirst wieder träumen, ganz bestimmt!" „Ja, vielleicht hast du Recht." Amarí fühlte sich besser. Lange blickte er Lerla nach, auch als sie längst nicht mehr zu sehen war. ‚Hoffentlich hast du Recht', dachte er immer wieder.

# Mit den Flügeln der Sehnsucht

Amarí wartete also. Manchmal sah er Lerla von weitem und dann grüßten sie sich und ein jeder erblickte in den Augen des anderen das gemeinsame Geheimnis. Doch nie bot sich die Gelegenheit, nochmals ungestört miteinander zu sprechen. Um sich die Zeit zu vertreiben, lebte Amarí sein Leben weiter wie zuvor. Was hätte er auch sonst tun sollen! Er stand wieder mit seinen Freunden vor den goldgelben Spiegelscheiben und gab vor, sich über deren Erscheinungen zu freuen. Vielleicht tat er es ja sogar. Ein bisschen wenigstens. Er selbst versuchte wiederum vergebens, sich im Spiegelglas zu erkennen, obwohl er ja nun schon wusste, wie er aussah. Er wartete Tage und Nächte, und schließlich vergingen Wochen, ohne dass sich ein neuer Traum einstellte. Tagsüber konnte er sich noch einigermaßen ablenken, aber wenn Amarí nachts allein auf seinem Kastanienast saß, überkam ihn eine abgrundtiefe Sehnsucht.

Eines Abends wurde diese Sehnsucht so stark, dass Amarí glaubte, auseinanderbrechen zu müssen. Auch am nächsten Morgen ging es ihm nicht besser. Diesmal ging er nicht zum täglichen Tun über, um dieses Gefühl der Sehnsucht zu verdrängen und eben einfach abzuwarten wie bisher, denn zu stark war das, was er empfand. Stattdessen erlaubte er sich diesmal einfach, diese Sehnsucht zu fühlen, die jetzt in ihm aufplatzte wie eine überreife Samenkapsel, deren Energie mit einer heftigen Kraft durch seinen gesamten Körper strömte. Amarí konnte kaum noch atmen, sein Herz schien jeden Moment zu zerbersten, er zitterte am ganzen Leib, ihm wurde heiß und kalt.

In letzter Sekunde hatte er es noch geschafft, sich auf seinen Kastanienast zurückzuziehen. Sich seinem Schicksal ergebend schloss Amarí die Augen. Da vernahm er plötzlich ein Flüstern: *„Sehnsucht … wenn das Sehen sucht … Wenn sich das Suchen sehnt und endlich wirklich sehen will …"* Amarí konnte nicht ausmachen, ob die Stimme aus seinem Inneren oder von außen gekommen war, und bevor er darüber nachdenken konnte, hörte er schon eine weitere, diesmal eine tiefe, feste Stimme, die ihm bekannt vorkam. Die Stimme klang wie die von Silberfeder. *„Folge deiner Sehnsucht, vertraue ihr. Sie gibt dir deine Flügel zurück."* Sofort öffnete Amarí die Augen, doch so sehr er auch sein Hälschen reckte, er konnte niemanden sehen. Also gab er sich wieder diesem starken Gefühl hin, das ihn von innen zu überwältigen drohte, sich als undurchdringlicher Nebel in ihm ausbreitete und ihn schließlich vollends verschlang. Nichts war zu sehen. Und dieses Nichts war grau. Amarí verspürte eine lähmende Unbeweglichkeit. Das Nichts war nur schwer zu ertragen, doch gerade in dem Moment, in dem Amarí sich mit dieser untragbaren Last abfand und ihr nicht mehr widerstand, lichtete sich der Nebel und er blickte in zwei tiefschwarze Augen. Vor ihm stand ein großer weißer Vogel, wie ihn Amarí noch nie gesehen hatte.

„Wer bist du?" „Ich bin ein Schwan. Und ich bin das Tier deiner Sehnsucht. Komm, flieg mit mir und lern mich kennen!" Ohne Amarís Antwort abzuwarten, drehte sich der Schwan seitlich zu ihm und beugte sich so weit herunter, dass Amarí mühelos auf seinen Rücken hüpfen konnte. Und schon ging es los: Der Schwan breitete seine Schwingen aus und begann seinen Flug. Amarí hatte noch nie so große Flügel gesehen und war tief beeindruckt. Majestätisch flogen sie immer höher, mitten hinein in das blaue Himmelsmeer und wieder tiefer, über Berge, Seen und Täler, bis hin zum Ozean. Auch diesen hatte Amarí noch nie gesehen und er traute seinen Augen kaum. So viel Wasser! So viel Weite! So viel Freiheit! Von irgendwoher ertönte eine Melodie, die Amarí zu kennen meinte, deren Ursprung er jedoch nicht ausmachen konnte. Er spürte nur, dass diese Musik direkt sein Herz erreichte, das sich angenehm weitete. Für einen Moment dachte Amarí an Lerla, doch just in diesem Augenblick rief ihm der Schwan zu: „Hey, jetzt darfst du selbst fliegen! Trau dich! Meine Schwingen sind auch deine!" Und Amarí flog. Den Schwan konnte er jetzt nicht mehr sehen. Doch es war, als ob dieser in Amarí hineingeschlüpft wäre und der kleine Vogel nun mit der Kraft dieses Schwans seine Flügel schwang und durch die Lüfte segelte. Es war einfach herrlich! Er fühlte tiefe Dankbarkeit gegenüber dem Schwan.

Nachdem sein Freudentaumel ein wenig nachgelassen hatte, wandte sich Amarí nun etwas aufmerksamer der Landschaft zu, die er gerade überflog. Da erkannte er jenen See wieder, an dem er mit Salinok gesessen hatte.

# Gesänge im Urwald

Die Landung gelang ausgezeichnet. Sanft und präzise erreichte Amarí das Ufer des Sees. Es ertönte Applaus. „Salinok!“ Amarí hatte nicht damit gerechnet, seinen Freund hier zu treffen, wunderte sich jedoch auch nicht sonderlich darüber, vielmehr freute er sich. „Na, das klappt ja schon ausgezeichnet! Die Sehnsucht hat gute Arbeit geleistet, wie ich sehe. Wunderbar!“ Auch dass Salinok von seiner Begegnung mit dem Schwan zu wissen schien, verwunderte Amarí nicht. Hier überraschte ihn einfach gar nichts mehr. „Hallo Salinok, schön dich zu sehen! Wie geht es dir?“ Amarí strahlte. Doch Salinok antwortete nicht auf seine Frage. „Fliegen kannst du jetzt also“, entgegnete er stattdessen ernst. „Alle Achtung, das ging schnell. Sehr fein! Dann werden wir uns von nun an mit dem Singen beschäftigen.“ „Singen?“ Jetzt war Amarí doch erstaunt. „Jawohl. Los komm! Du wirst schon sehen!“ Und schon setzte Salinok zum Abflug an. Zu gern hätte Amarí noch einen Blick in den See geworfen, der heute aussah wie ein großer Kristall. Aber es blieb ihm nichts anderes übrig, als seinem Freund schnellstens zu folgen, denn sonst würde dieser womöglich ohne ihn verschwinden.

Fliegen war einfach fantastisch! Unterwegs veranstaltete Salinok in der Luft Loopings und zog dabei die wildesten Grimassen. Einmal musste Amarí so sehr lachen, dass er um ein Haar abgestürzt wäre. „Ja mein Kleiner, konzentrier dich mal schön. Immer fein bei dir selbst und deinem eigenen Flügelschlag bleiben, egal was um dich herum passiert." Salinok umflog Amarí nun einige Male so ungestüm, dass dieser meinte, mitten in einem Wirbelwind geraten zu sein. Doch bald entdeckte er, dass hektisches Flügelschlagen lediglich zu sinnloser Verausgabung führte, anstatt zu der ersehnten Stabilität. Am sichersten kam er voran, wenn er einfach tief atmete, seine Flügel langsam aber kraftvoll bewegte und nicht gegen Windböen flog, sondern mit ihnen und dabei alle Ruhe bewahrte.

„Sehr gut!" Salinok klopfte Amarí anerkennend mit dem Flügel auf den Rücken, was diesen wiederum an den Rand des Absturzes brachte. Im letzten Moment konnte sich Amarí gerade noch fangen. „Na, du bist vielleicht ein Scherzkeks!" Amarí ärgerte sich ein wenig und war regelrecht erleichtert, als Salinok, der auf Amarís Bemerkung hin nur sanft in sich hineinlächelte, endlich nach einem Landeplatz Ausschau zu halten schien.

Amarí hatte lange nicht mehr nach unten geschaut und war nun sehr erstaunt, so viel dichten Wald zu erblicken. Das musste der Urwald sein! Er erinnerte sich, dass er schon einmal von solch einem Wald gehört hatte. Er musste wohl noch sehr jung gewesen sein. Amarí liebte diese feuchtwarme Luft mit all ihren Aromen, die, je tiefer sie flogen, noch an Intensität zunahmen. Alles hier schien durcheinander zu ranken, miteinander verästelt, ineinander verankert zu sein. Kein Baum, kein Strauch stand für sich allein.

Die beiden Vögel landeten am Ufer eines rötlich schimmernden Flusses. Rechterhand erblickte Amarí einen Baum, der besonders alt zu sein schien. „Ein Kapokbaum!“ Salinok hatte bemerkt, dass Amarí den Baum ehrfurchtsvoll betrachtete. „Ist hier der Wächter. Lässt keine ungebetenen Gäste herein.“

Sich dicht an den Baum schmiegend und ihn stellenweise umwindend, rankte sich eine Liane hinauf, von der weder Anfang noch Ende zu erkennen war. Aber so ging es Amarí mit den meisten Pflanzen dieses üppig und wild bewachsenen Ortes: Alles Grün erschien ihm wie ein einziges großes Gewebe, ohne Anfang und Ende.

„Was machen wir hier?“

„Freunde besuchen.“

Salinok schlug hüpfend einen schmalen Pfad ein, der durch den dicht bewachsenen Wald führte.

„Hey, du kannst ja auch hüpfen!“ Amarí lachte. „Natürlich! Schließlich wollen wir den Wald doch aus der Nähe kennenlernen, nicht wahr? Und damit auch seine Gefahren. Wenn du durch den Wald gehst, dann brauchst du bei jedem Schritt deine volle Aufmerksamkeit. Bleib ganz dicht hinter mir!“ Amarí folgte Salinoks Aufforderung. Die Bäume badeten in goldenem Licht und die Zikaden frohlockten mit ihren Abendgesängen. Überall im Dickicht knackte und knisterte es. Der Weg machte eine Kurve und während Amarí diese dicht hinter Salinok passierte, vernahm er links neben sich ein leises Zischen. Er schaute in die Richtung, aus der das Geräusch gekommen war, und blickte in ein paar funkelnde grüngelbe Augen. Vor Schreck zuckte Amarí zusammen. „Salinok!“ „Was?“ Amarí war wie angewurzelt stehen geblieben und erschrak erneut, als ihm Salinok auf die Schulter tippte. „Was ist denn, kleiner Freund?“ Amarí schaute zu Salinok und dann wieder zurück zu der Stelle, an der ihn eben noch die grüngelben Augen angefunkelt hatten. Sie waren weg. Und er wusste nicht einmal, zu wem sie gehört hatten. Allerdings war er sich auch nicht sicher, ob er das wirklich herausfinden wollte. „Komm, lass uns weitergehen!“ Salinoks Stimme klang bestimmt und so setzten sie den Weg fort. Vereinzelt tauchten nun Hütten auf, von denen manche lange hölzerne Beine hatten, andere waren direkt in die Bäume gebaut.

Weit und breit war keine Vogelseele zu entdecken. „Wo sind denn die Bewohner?“, fragte Amarí. „Wahrscheinlich im großen Baumhaus hinter dem Dorf. Heute findet eine Zeremonie statt.“ Salinok hüpfte zielstrebig weiter. „Zeremonie?“ Amarí holte auf und warf Salinok einen fragenden Blick zu. „Geduld!“

Der goldgelbe Vogel spürte, dass er Salinok vorerst keine weiteren Fragen stellen sollte. Und plötzlich merkte er, wie sehr seine Gedanken, die so überaus schnell Fragen zu formulieren gewohnt waren, ihn selbst ganz schön anstrengten. Er atmete tief durch und lauschte nun einfach all den fremden Klängen, verschlang mit seinen Augen all das, was er hier zu Gesicht bekam, und ließ diese neue Umgebung auf sich wirken. Noch nie hatte er so viele Aromen gleichzeitig wahrgenommen, Düfte, die er noch nicht einmal annähernd benennen konnte. Der Pfad wurde nun wieder etwas schmaler und es waren keine Hütten mehr zu sehen. Die Nacht machte sich daran, die letzten Reste des Tages zu verabschieden und die Klänge des Waldes veränderten sich von Sekunde zu Sekunde. Zirpende und zischende Geräusche, kurze, beinahe fröhliche

Schnalzlaute und knatternde Schreie hallten in verschiedenartigen Rhythmen durch den Wald und bildeten ein scheinbar belangloses Durcheinander seltsamer Laute. Nachdem Amarí genauer hineingelauscht hatte, wurde er den Eindruck nicht los, dass dieser ungewohnte Klangraum immer harmonischer zusammentönte, je tiefer er in ihn eintauchte, mehr und mehr einer eigenartigen Sinfonie glich, die, je hingebungsvoller sich das Ohr von ihr erobern ließ, immer großartiger anmutete.

Plötzlich vernahm Amarí noch etwas anderes. Er hörte einen Gesang, den er noch nie zuvor gehört hatte und der seine Seele tief berührte. „Wir sind gleich da!" Salinok hüpfte um die nächste Biegung und während Amarí ihm folgte, sah er vor sich ein riesiges Baumhaus, an dessen Ecken kleine Lichter brannten. Der fremde Gesang war nun wieder verstummt. „Hier hinauf!" Salinok hüpfte einen alten Baumstamm hinauf, um in das Haus zu gelangen. Amarí hüpfte hinterdrein. Der Wald um sie herum war nun stockfinster.

Im Inneren des Hauses herrschte gedämpftes Licht. Amarí konnte nicht genau ausmachen, wie viele Vögel hier drinnen saßen, doch es mussten sehr viele sein. Alle waren in angeregte, wenngleich leise Gespräche vertieft und man schien von den beiden Neuankömmlingen nur wenig Notiz zu nehmen. Amarí war das sehr recht, denn so konnte er erst einmal in Ruhe verschnaufen und sich umschauen. Er sah Vögel, die er noch nie gesehen, ja, von deren Existenz er noch nicht einmal etwas geahnt hatte. Trotz der Dunkelheit konnte er verschiedene Farben erkennen. Einige trugen Federkronen auf ihren Köpfen, andere schienen von Kopf bis Fuß mit geometrischen Mustern bemalt zu sein und die meisten hatten ihre Körper mit zahlreichen Schmuckketten verziert.

Amarí, der direkt neben dem Eingang Platz genommen hatte, konnte sich nicht satt sehen. Er mochte diesen Ort – obwohl er keine Ahnung hatte, wo er sich befand! Doch es fühlte sich hier warm und lebendig an. Und irgendwie auch geheimnisvoll. Das Baumhaus hatte keine Wände. Von drinnen konnte man direkt hinausschauen in den Wald, der sie umgab. Man konnte ihn spüren, riechen, hören. Hin und wieder schien es Amarí, als ob aus den Bäumen und Büschen rings herum Augen auf ihn gerichtet waren. Doch schon im nächsten Moment war er wieder ganz mit dem beschäftigt, was im Raum vor sich ging.

Das leise Gemurmel der anwesenden Vögel verstummte abrupt, als jemand zu singen begann. Es war wieder dieser leise, tiefe Gesang, den Amarí schon von weitem auf dem Weg hierher gehört hatte. Er folgte der Stimme und sah am anderen Ende des Raumes ein paar Vögel mit besonders großen Federkronen. Einer dieser Vögel war silbrig-weiß. War das nicht …

„Ja, mein Freund! Das sind die beiden vom See", flüsterte Salinok, der rechts neben Amarí Platz genommen hatte und wohl dessen Gedanken erraten haben musste. ‚Querubín und Silberfeder!', dachte Amarí. Querubín war derjenige, der sang. Sein Gesang schien durch den Raum zu schweben wie ein eigenständiges lebendiges Wesen, das abwechselnd näher kam und sich wieder entfernte, mal ganz behutsam, dann wieder sehr kraftvoll und bestimmt. Und in manchen Momenten kam Amarí dieses Wesen so nah, dass es tief in seine Seele eindrang und so sehr an sein Herz rührte, dass der kleine Vogel weinen musste, ohne recht zu wissen warum. Nun gesellten sich zu dem Gesang noch weitere Stimmen; jede sang in einem ganz eigenen Ton eine eigene Melodie, die sich jedoch mit all den anderen zu verweben schien, so wie die Pflanzen des Urwaldes miteinander verwoben waren. Und es kam Amarí so vor, als würde der ganze Wald, der sie umgab, in diese Musik einstimmen. Amarí weinte die Tränen, die er weinen musste, und er konnte nicht anders, als sich vom Klang geborgen und getragen hin und her zu wiegen. Der kleine Vogel fühlte, wie ihn ein tiefes Glück durchströmte und er wünschte sich, dass dieser Moment nie zu Ende gehen mochte.

Je tiefer er den Gesängen Einlass in seine Seele gewährte, umso näher traten auch die Seelen der Gesänge an ihn heran. Amarí konnte sie spüren, wenngleich er dafür keine Worte fand. Auch konnte er einen süßlichen und zugleich sehr erfrischenden Duft wahrnehmen. Zu den Gesängen gesellte sich jetzt ein Rascheln, das nach Wald, Wind und Regen klang. Und nun sang ihm jemand direkt ins Ohr und etwas kitzelte ihn am Bauch.

Amarí öffnete die Augen. Direkt vor ihm stand Querubín. Sein Körper war jetzt mit bunten Mustern bedeckt und mit verschiedenen Ketten aus bunten Perlen, Samenkörnern und Raubtierzähnen geschmückt. Unter seinem Flügel klemmte ein großes Blätterbüschel, das Querubín im Rhythmus seines Gesanges schwang und dabei Amarís Gefieder streifte. Jemand pfiff dazu eine sanfte Melodie.

Amarí schloss seine Augen wieder, um das, was mit ihm geschah, besser fühlen zu können. Und plötzlich ließen sich im rhythmischen Singsang Querubíns auch Worte ausmachen:

„Blaue Feder
Feder blau
Feder rein
Feder fein
Blaue Feder
Feder blau
ist gewachsen
ganz von innen
tief da drinnen
blaue Feder
Feder blau
Feder rein
Feder fein
Blauer Himmel
Himmel blau
Feder rein
Feder fein
…"

Während Querubín sang, spürte Amarí ein leichtes Kitzeln auf seinem Kopf. Auch wurde ihm trotz seiner geschlossenen Augen ganz hell zumute und er meinte, noch weitere Klänge und Gesänge zu hören.

Irgendwann endeten die Gesänge wie auch das Geraschel und das Pfeifen abrupt. Und als Amarí die Augen öffnete saß Querubín schon wieder auf seinem Platz neben Silberfeder. Sie rauchten Zigarren, ganz so, als hätten sie die ganze Zeit über dort gesessen. Es herrschte ein reges Treiben im Baumhaus. Dinge wurden umhergerückt, man unterhielt sich, hier und dort wurde laut gelacht. Und mit diesem Lachen jener bunten seltsamen Waldvögel erwachte schließlich auch der Tag im Urwald und wenig später auch die Sonne.

# Federn

„Was? Ist etwa schon Morgen?“ Amarí war ganz überrascht, denn ihm war, als hätte die Nacht soeben erst begonnen. „Du hast ja zwischendurch auch immer mal kräftig geschnarcht“, sagte Salinok, der gerade seine Schwanzfedern gen Himmel streckte und daraufhin das rechte und dann das linke Bein ziemlich akrobatisch zur Seite drehte. Amarí spürte einen Stich.

„Dann … dann hab ich das alles nur geträumt?“ „Was hast du denn geträumt?“, wollte Salinok wissen, ohne seine Dehnübungen zu unterbrechen. „Na, von Gesängen und von … ach, ich weiß auch nicht … ich hatte für einen Moment das Gefühl, sie kennen mich.“ Dabei verwies er mit einem Kopfnicken auf die nunmehr leeren Plätze, auf denen Silberfeder und Querubín gesessen hatten.

Salinok unterbrach seine Übungen nun doch und blickte Amarí mit ernster Miene an: „Erinnere dich, Amarí! Was du Traum und was Wirklichkeit nennst, das ist deine Sache. Wichtig ist, was du erlebt hast, oder besser, was du erfühlt hast. Manche Dinge muss man sich sogar ersterben. Was ich damit sagen will, ist dies: Wichtig ist, was für dich ganz persönlich wirklich ist. Oder anders ausgedrückt: Wahr ist das, was tief in dir klingt.“ Salinok schwieg einen Moment und drehte sich um. Amarí kam seine erste Begegnung mit Silberfeder in den Sinn und dass auch er vom Tod gesprochen hatte oder sogar von mehreren Toden, die man sterben müsse, um das Leben zu verstehen. Doch was sollte man dadurch nochmal verstehen? Daran erinnerte sich Amarí nicht mehr.

„Ich besorge uns jetzt jedenfalls erst einmal Frühstück!“, unterbrach Salinok Amarís Gedanken. Und ehe Amarí noch irgendetwas sagen konnte, hüpfte sein weißer Freund davon.

Der kleine goldgelbe Vogel saß nach wie vor neben dem Eingang des Baumhauses und konnte nach allen Seiten hin Bäume, rankende Pflanzen, Moose und blühendes Gesträuch entdecken. Zwischen den Zweigen flatterte und surrte es. Es roch nach Leben. Dass der Raum keine Wände hatte, faszinierte ihn auch jetzt wieder. Gleichzeitig wusste Amarí jedoch nicht so recht, ob er sich darin geborgen fühlte, hatten doch bisher alle Räume, in denen er je gewesen war – und waren sie auch noch so groß gewesen – irgendwelche Wände gehabt!

Unten auf der Lichtung vor dem Baumhaus brannte ein Feuer und Vögel aller Farben und Größen saßen oder standen in kleinen Grüppchen herum und unterhielten sich und lachten miteinander. Jetzt sah Amarí, dass auch Qerubín unter ihnen stand, der ebenfalls einige Male herzhaft lachte. Amarí mochte sein Lachen. Ihm wurde durch und durch wohlig warm, wenn er es hörte.

„Die steht dir aber gut!“

Amarí zuckte zusammen. Er hatte nicht gemerkt, dass sich jemand neben ihn gesetzt hatte. Dieser Jemand war ein blauer Vogel mit einem rot-grünen Federbüschel auf dem Kopf und einigen schmalen Ketten mit hellen Samen um den Hals.

„Äh, was?“

„Na, die Feder auf deinem Kopf!"
Der Klang der aneinanderschlagenden Samen, der bei jeder Bewegung des blauen Vogels ertönte, erinnerte Amarí ein bisschen an Wasser, auch wenn ihm dieser Gedanke im nächsten Moment etwas seltsam erschien. Bereits in der vergangenen Nacht hatte er diesen Klang gehört.

„Habe ich eine Feder auf dem Kopf?", Amarí tastete mit seinem Flügel nach. Und tatsächlich, irgendetwas fühlte sich sonderbar an.

„Huch!" – Mehr konnte er nicht sagen.

„HUCH hat er gesagt!" Der blaue Vogel brach in schallendes Gelächter aus, das er nur kurz unterbrach, um den anderen, neugierig zu ihnen herüber äugenden Vögeln aufs Neue zu verkünden:

„Er hat HUCH gesagt!" Nun begannen auch die anderen zu kichern und zu lachen. Es war ein liebevolles Lachen voller Schalk, aber ohne jeglichen Spott. Nun musste Amarí selbst lachen.

„HUCH!", wiederholten die anderen.

„HUCHAAAAA!" und „AHUUUUUCH!", foppten sie ihn weiter und freuten sich. Amarí mochte diesen Humor, der so durch und durch wohlwollend zu sein schien.

„Was für ein Vogel bist du denn eigentlich?", fragte er den Blauen, nachdem das Lachen abgeklungen war. Der Blaue wurde nun ganz ernst und antwortete fast etwas beleidigt: „Und du? Was für ein Vogel bist DU denn?" Amarí tat seine Frage bereits leid und etwas verunsichert antwortete er leise: „Also … ich, äh… ich komme aus dem Saal der goldenen Scheiben." „Soso. Aus dem Saal der goldenen Scheiben. Und? Was sagt das über dich aus?" Der blaue Vogel war nun wieder etwas freundlicher, wenngleich er immer noch ein wenig kritisch wirkte. ‚Nichts', dachte Amarí. Aufmerksam schaute ihn der Blaue aus nachtschwarzen Augen an und nickte schließlich, ganz so, als hätte er Amarís Gedanken gehört. Amarí schämte sich ein bisschen.

„Ich heiße Altos. Und wie heißt du?"

„Ich bin Amarí", antwortete der kleine Vogel erleichtert und reichte ihm einen Flügel zum Flügelschlag entgegen, den der andere freundlich erwiderte. „Wohnst du schon lange hier?", fragte Amarí. „Solange ich denken kann", entgegnete Altos. „Oh, dann ist das wohl ziemlich lange." Amarí überlegte. „Und die anderen, wohnen die auch schon immer hier?" „Nein", Altos schaute sich kurz um. „Die meisten wohnen schon immer hier, aber einige noch gar nicht so lange. Sie kommen irgendwann zu uns aus einer anderen Welt. So wie du. Manche bleiben für immer hier, manche gehen wieder. Das ist ganz unterschiedlich."

In diesem Moment kehrte Salinok zurück, unter dem rechten Flügel ein Büschel voller saftiger Trauben und ein Schälchen Körner unter dem linken. „Ich hab euch lachen hören. Hab ich was verpasst?", fragte er fröhlich. „Und wie!" Altos schnappte sich gleich ein paar der Trauben, die Salinok auf den Boden fallen ließ. „Lass es dir schmecken!", sagte er zu Amarí und begann sofort genüsslich zu schmatzen. „Danke!"

Amarí verspürte beim Anblick der Trauben und Körner plötzlich solch einen sagenhaften Hunger, dass er sogleich all die tausend Fragen, die eben noch laut in seinem Köpfchen angeklopft hatten, vollends vergaß.

Nachdem Amarí sich satt gegessen und Salinok für diese köstliche Mahlzeit gedankt hatte, fiel ihm die Feder wieder ein. Mit beiden Flügeln tastete er jetzt auf seinem Kopf umher, und siehe da, sie war immer noch dort. Altos schaute mit spöttischem Blick auf.

„Huch!", neckte er Amarí von neuem. Doch dieser hörte ihn nicht. „Also war es doch kein Traum!" Amarí schaute fragend zu Salinok, der ihn aufmerksam betrachtete und leise sprach: „Himmelblau, wie schön! Die hast du für das Fliegen bekommen. Du hast wirklich schnell gelernt." „Aber wie …" Amarí überlegte. „Wie geht das?"

Er tastete weiter auf seinem Kopf herum und zog an der Feder. Sie war fest. „Ich meine ich kann doch nicht plötzlich eine Feder auf dem Kopf haben!" „Ach, kannst du nicht?" Salinok schmunzelte ein bisschen. „Aber du hast!", kicherte Altos. Amarí zog noch einmal. „Die geht nicht ab, Amarí. Die gehört jetzt zu dir", lachte Salinok. „Und sie steht dir richtig gut, wie ich schon sagte", ergänzte Altos und hüpfte davon.

„Kannst du mir das bitte noch etwas genauer erklären?" bat Amarí Salinok, der gerade genüsslich vom Tau eines riesigen Blattes trank. Salinok nahm sich Zeit für seine Antwort.

„Du hast die Feder bekommen. Sie ist dir gewachsen." Dann nahm er den nächsten Schluck. Das hörte sich für Amarí etwas konfus an. „Wie jetzt…? Hab ich sie bekommen oder ist sie mir gewachsen?" „Du hast sie bekommen, weil sie dir gewachsen ist. Oder anders herum: Sie ist dir gewachsen, und deshalb hast du sie bekommen." Jetzt riss Salinok den Schnabel in die Höhe, gurgelte laut und schüttelte sich kräftig, bevor er weitersprach. „Das ist der Unterschied zwischen echten und falschen Federn. Von außen oft schwer zu erkennen. Die falschen Federn steckt man sich einfach nur an, aber sie sind nicht von innen gewachsen. Das ist ein sehr großer Unterschied. Denke daran!“

Salinok schaute jetzt hinüber zu dem Weg, auf dem sie am Abend gekommen waren. Er führte über eine kleine Lichtung und verlor sich dann im Wald. „Komm, wir gehen zum Fluss. Da kann man herrlich baden.“

Amarí hatte das Gefühl, jetzt besser zu verstehen. Wenn auch nicht auf die Art, auf die er zu verstehen gewohnt war. Er hatte noch viele Fragen, doch Salinok schien das Gespräch als beendet zu betrachten, denn er hüpfte bereits den Baumstamm hinunter.

# Am Fluss

Der Wald schien zu atmen. Nebelschwaden hingen wie zarte Schleier hier und da über dem dampfenden Boden. Wieder war Amarí fasziniert von all den Düften, die sich in der Feuchtigkeit des Morgens um ein Vielfaches mehr verschenkten. Überall fingerten Wurzeln in die Erde hinein, streckten sich Äste und Ranken tastend aus und fanden Halt, in dem sie andere Äste und Ranken umklammerten und auch sich selbst umarmen ließen. Tautränen glitzerten auf hell-, dunkel- und smaragdgrünen Blättern, und die Blätter selbst erschienen Amarí wie Hände, die sich vertrauensvoll nach Sonne und Regen ausstreckten und alles bekamen, was sie brauchten, das konnte man ihnen ansehen. Dem goldgelben Vogel fielen dabei die Worte *satt* und *wohl* und *gesund* ein. Das Licht der gerade aufgegangenen Sonne verwob die Farben dieser Welt nun mit einem goldenen Schimmer.

„Wieso fliegen wir eigentlich nicht?“, fragte Amarí Salinok, als er ihn eingeholt hatte. „Nach so einer Nacht ist es manchmal besser, eine Weile am Boden zu bleiben. Oder sagen wir, erst einmal wieder auf diesem anzukommen.“ Salinok machte nun ein paar kraftvolle Sätze in die Höhe und stampfte jedes Mal, wenn er wieder auf die Erde traf, kräftig auf. Amarí machte es ihm nach – und stolperte. Beide lachten. Noch bevor durch das Laub der Bäume der Fluss zu sehen war, drangen Gezwitscher, Gekreisch und Lachen zu ihnen herüber. Die Stimmung am Fluss war ausgelassen wie Amarí unschwer erkennen konnte als sie das Ufer erreichten. Einige Vögel saßen ihre Bäuchlein in die warme Morgensonne streckend am Strand, andere hüpften im Wasser umher und spritzten sich gegenseitig nass. Wiederum andere veranstalteten knapp über der Wasseroberfläche Tiefflüge und tauchten dabei ihre Füße ein, wobei sie fröhlich quietschten. Sogar die Bäume, die ganz nah am Flussufer standen und deren Zweige wie langes Haar ins Wasser rankten, strahlten Genuss und Gelassenheit aus.

Amarí beobachtete ein paar sehr hübsche junge Vogelmädchen, die sich gerade gegenseitig ihre Schwanzfedern glatt strichen, wobei die gefiederten Schönheiten hin und wieder kess zu ihm herüberäugten und kicherten. Er musste an Lerla denken und wünschte sich, dass sie auch hier wäre. Dann hielt er Ausschau nach Silberfeder, konnte ihn aber nirgends entdecken. Zu gern hätte Amarí mit ihm gesprochen.

„Huch!", schrie Amarí und machte vor Schreck einen großen Sprung zur Seite. Es ertönte schallendes Vogelgelächter. Altos freute sich über seinen geglückten Schabernack. Aus zielsicherem Schnabel hatte er Amarí hinterlinks mit Wasser vollgeprustet. „Na warte!" Amarí sprang in den Fluss, der in Ufernähe noch ganz flach war, und spritzte ordentlich zurück. Altos flüchtete zu den badenden Vogelmädchen, die kreischend auseinanderstoben, um sich wenig später wieder flüsternd und kichernd zu versammeln. Kurzerhand gesellte sich Altos einfach mit zu dem Kicherhaufen, woraufhin das Gelächter noch größer wurde. Amarí kümmerte sich nicht weiter um die Neckereien der anderen, sondern genoss das erquickende Bad im kühlen Wasser, das ihn ungemein erfrischte. Noch nie hatte er in einem Fluss gebadet und nicht nur das Baden selbst, sondern vor allem auch die Bewegungen und der Klang des Wassers bezauberten ihn. Eine Ewigkeit spielte er mit den kleinen klaren Wellen und badete sein Gefieder.

Als er wieder aufsah bemerkte er, dass es um ihn her leer geworden war. Am Ufer sah Amarí Salinok stehen, der sich mit Altos unterhielt und plötzlich irgendwie traurig wirkte. Langsam watete Amarí zum Ufer zurück und fand es angenehm, seine Füße dabei im hellen sandigen Grund des Flusses versinken zu lassen.

„Immer schön im Fluss bleiben… du weißt schon!", hörte Amarí Altos sagen. „Was, ich soll im Fluss bleiben?", fragte Amarí, unsicher, ob er gemeint war oder nicht. „Ja, du auch!", wandte sich Altos Amarí zu und lächelte. Amarí machte ein paar Schritte zurück. „Nein, doch nicht so. Ich meine im übertragenen Sinn." Altos lachte jetzt laut auf. Auch Salinok schmunzelte, doch sah er tatsächlich etwas traurig aus, fand Amarí. Er war erleichtert, denn er mochte jetzt viel lieber im warmen trockenen Sand sitzen, anstatt wieder zurück ins Wasser zu tauchen, denn ihm war etwas kalt geworden. „Warte hier einen Moment auf uns", sagte Salinok und verschwand mit Altos im Wald.

Am Flussufer war Amarí jetzt gänzlich allein. Nur von weitem konnte er andere Vögel rufen, zwitschern und singen hören. Singen, wie schön war das anzuhören! Er sah dem Fluss zu, der an ihm vorüberzog. Geruhsam, und doch sehr kraftvoll. Hier und da erkannte er auf der Wasseroberfläche kleine Strudel, in denen sich das Wasser kräuselte. In Ufernähe war das Wasser kristallklar und man konnte einige Sandkörnchen wie Goldsterne auf dem Boden unter Wasser glitzern sehen. Amarí erblickte nun plötzlich auch sein Spiegelbild wieder, das er ganz vergessen hatte. Jetzt wollte er sie sehen, die Feder auf seinem Kopf. Und er sah sie! Zumindest glaubte er, einen Schatten von ihr wahrzunehmen. Doch wann immer sich das Spiegelbild auf der Wasseroberfläche beruhigte und ganz klar zu werden schien, verschwamm es plötzlich wieder. So wackelte er einige Male mit dem Kopf hin und her und fühlte, wie ihn die Feder kitzelte. Sie war da!

Während Amarí so dasaß war ihm, als hörte er Stimmen. Doch auch diese verschwammen, wenn er sie genau fokussierte. Sie kamen aus dem Fluss. Sie waren der Fluss. Er sprach. Und sang. Amarí war berührt und hörte immer tiefer in den Fluss hinein.

„Oh, schön!“ Er erschrak als Salinok und Altos plötzlich wieder neben ihm standen.

„Du singst sehr schön!“, sagte Salinok.

„Oh, hab ich gesungen?“ Dass er wie von selbst in den Gesang des Flusses eingestimmt hatte, das hatte Amarí gar nicht bemerkt. „Sing weiter Amarí, wir möchten mitsingen!“ Amarí zögerte erst, doch dann begann er zu singen und Salinok und Altos stimmten kurz darauf mit ein. Gemeinsam sangen sie das Lied des Flusses und Amarí fühlte sich sehr glücklich dabei. Hin und wieder glaubte Amarí eine klare, helle Stimme zu hören, die er weder zuordnen noch greifen konnte, denn immer, wenn er ihr gezielt Aufmerksamkeit schenken wollte, verschwand sie wieder.

Nachdem die Gesänge der drei ein natürliches Ende gefunden hatten, wandte sich Salinok wieder Amarí zu. „Mich trägt der Fluss des Lebens nun erst einmal für eine Zeit weg von hier, mein Freund. Ich habe mich soeben von den Vogelältesten verabschiedet. Auch wir müssen jetzt auf Wiedersehen sagen, denn ich werde für eine Weile zurückgehen in die Welt, aus der ich komme." „Oh!" Amarí war nun auch traurig. Der Gedanke, dass sein ihm inzwischen doch vertrauter Freund ihn hier allein ließ, sorgte Amarí nicht wenig. Erstmals stellte er sich selbst die Frage, was er eigentlich hier in dieser fremden Welt sollte. „Wo ist denn deine Heimat?" Das wollte Amarí Salinok schon längst fragen.

„Die Welt, aus der ich komme, heißt Grauland. Es ist das Land, in dem die Farben verblasst sind, weil sich die Vögel von sich selbst entfernt haben." „Oh, das kommt mir irgendwie bekannt vor", erinnerte sich Amarí, ohne zu wissen, an was er sich genau erinnerte. Vielleicht war es einfach das durch Salinoks Worte ausgelöste Gefühl in seinem Herzen, das ihm bekannt vorkam. „Sonst wärst du wohl auch nicht hier", sagte Altos leise. „Und wieso musst du dorthin zurück?", fragte Amarí Salinok, der sich bereits auf den Abflug vorbereitete, indem er noch einen Schluck Wasser trank und anschließend seine Flügel glattstrich.

„Viele Vögel in Grauland sind krank. Sie brauchen meine Hilfe. Aber ganz bestimmt sehen wir uns bald wieder, Amarí!" Salinok wirkte auf Amarí plötzlich ein ganzes Stück erwachsener. Trotz seiner Traurigkeit strahlte er sehr viel Entschlossenheit und Kraft aus.

„Danke für dieses besonders schöne Abschiedskonzert. Ich bin nun noch mehr davon überzeugt, dass du hier goldrichtig bist! Auf Wiedersehen, du goldgelber Amarí! *Wanao Resambi*!" „Auf Wiedersehen! … *Wa…*" Doch ehe Amarí fragen konnte, was diese ihm schon bekannten Worte denn genau bedeuteten, breitete Salinok seine Flügel aus, nickte Altos zu, der seine Geste erwiderte, und flog davon. „Und danke für alles!", rief Amarí ihm nach, aber er war sich nicht sicher, ob Salinok ihn noch hören konnte.

„Der Lauf der Dinge ändert sich manchmal sehr schnell, wie du siehst", sagte Altos nachdem beide Salinok solange schweigend nachgeschaut hatten, bis dieser nicht mehr zu sehen war. „Doch mach dir keine Sorgen, ich bin ja auch noch da. Wenn du möchtest, kannst du mit mir kommen." „Oh gern!", Amarí freute sich und sorgte sich nicht mehr ganz so sehr. Es fühlte sich einfach richtig an, hier zu sein. Und warum er nun eigentlich hier war, das würde er schon noch herausfinden.

# Der Ausflug

„Hast du sie auch gehört?“, fragte Altos und riss Amarí aus seinen Gedanken. „Wen?“ „Vorhin, als wir gesungen haben, da hat sie mitgesungen.“ „Wer?“ „Lunala, die Wasserschlange!“ Altos schaute Amarí verwundert an. Doch dann erinnerte sich Amarí an jene helle Stimme, die aus den Tiefen des Flusses heraufzusteigen schien, sich jedoch seiner besonderen Aufmerksamkeit entzogen hatte. Altos schien keine Antwort zu erwarten, denn er sprach einfach weiter. „Sie kommt manchmal den Fluss herauf geschwommen, doch sie wohnt an einem anderen Ort.“

Natürlich interessierte sich Amarí sehr für die Schlange und wollte unbedingt mehr über sie erfahren. Doch vorerst beschäftigte ihn noch etwas anderes. „Sag Altos, was bedeuten eigentlich diese Worte – *Wanao Resambi*?“ Altos aber hatte seinen Kopf dem Himmel zugewandt und die Flügel ausgebreitet. „Später, Amarí! Komm, ich möchte dir etwas zeigen!“ Amarí freute sich, hatte er doch schon seit einer ganzen Weile das Bedürfnis verspürt, endlich wieder zu fliegen. Und so flogen sie los. Beim Abflug war ihm zunächst etwas wackelig zumute, doch schnell gewann er an Sicherheit und genoss von ganzem Herzen den lauwarmen Wind, der durch sein Gefieder strich. Vor allem aber genoss er das Gefühl von Freiheit, das nun sein ganzes Wesen durchströmte.

Zuerst drehten die beiden Vögel einige Kreise über der Stelle, an der sie eben noch gebadet und gesungen hatten.

Amarí dachte nochmals kurz an die Wasserschlange und fand, dass der Fluss von hier oben selbst aussah wie eine große fließende Schlange. In diesem Moment drehte Altos rechts ab und Amarí tat es ihm gleich. Zwischen den Bäumen konnte Amarí Hütten erkennen, aus einigen stieg Rauch auf. Hier und da waren bunte Punkte zu sehen, und ab und an flog ihnen ein solcher bunter Punkt entgegen und entpuppte sich beim Näherkommen als einer der farbenfrohen Waldland-Bewohner, der ihnen freundlich zunickte oder etwas zuzwitscherte.

So flogen sie eine Weile gen Osten. Bald wurde der Wald noch dichter und auch Hügel und weitere Flüsse waren nun zu sehen. Altos flog auf einen der bewaldeten Hügel zu und sang dabei nach Herzenslust. Auch während ihrer Landung auf dem Hügel unterbrach Altos seinen Gesang keine Sekunde. Amarí war begeistert von dem Ausblick. Der Urwald lag zu ihren Füßen wie ein großer grüner Teppich, durchwoben von feinen Flussadern. In der Ferne wuchsen die Hügel zu Bergen an, und am Horizont war sogar ein Berg mit einem weißen Gipfel erkennbar. War das … Schnee? Schnee! Das musste Schnee sein! Am Fuße des Schneeberges konnte Amarí einen großen See in Form eines Herzens ausmachen.

„Den kennst du schon, soweit ich weiß." Altos hatte aufgehört zu singen. Amarí erkannte nun den See, an dem er Salinok zum ersten Mal begegnet war. Wie seltsam, dass ihm damals der schneebedeckte Gipfel gar nicht aufgefallen war, dachte er. Und auch dass der See herzförmig war, bemerkte er jetzt zum ersten Mal.

„Wir nennen den See auch den Herzsee. Und in diesem See wohnt eben jene Flussschlange Lunala, von der ich dir vorhin erzählt habe."

Nun erinnerte sich Amarí auch an das, was Salinok ihm von der Schlange und den ersten Vögeln erzählt hatte. Der Herzsee war also die Wiege der Vogelheit. Und die Schlange war krank, wenn er Salinok richtig verstanden hatte. Er wollte Altos danach fragen, doch dieser hatte wieder zu singen begonnen. Er sang eine sehr hohe und klare Melodie und Amarí spürte, wie sein Herz durch diese Melodie geweitet wurde. Der goldgelbe Vogel blickte sich nochmals um und war tief berührt von der Landschaft, die vor ihm lag, wie auch von all den vergangenen Erlebnissen hier in dieser neuen Welt. Auch er hätte nur zu gern gesungen, um seinem Fühlen Ausdruck zu verleihen, aber er traute sich nicht. Stattdessen genoss er Altos´ Gesang, von dem Frohsinn und zugleich tiefer Frieden ausgingen. Amarí spürte, dass er noch weit von diesem Frieden entfernt war. Und so hielt er lieber den Schnabel.

„Was ist, Amarí? Willst du nicht mitsingen?" Altos hatte wieder innegehalten. „Lieber nicht", entgegnete Amarí schüchtern. Altos sah ihn prüfend an und sprach: „Beim Singen geht es darum, genau das auszudrücken, was gerade ist. Ich fühle so, wie ich fühle, und du fühlst so, wie du fühlst. Und so klingen auch unsere Stimmen verschieden, je nach unserer Stimmung. Sing, was du bist und was du fühlst. Das ist alles." Dies gesagt, sang Altos weiter. Amarí fasste Mut und stimmte ein. Zu seiner eigenen Überraschung klang seine Stimme irgendwie traurig und leise, obwohl ihm eben noch so froh ums Herz gewesen war.

Doch hielt sich Amarí an Altos´ Rat und blieb bei dem, was auf natürliche Weise aus ihm herausfloss. Nach und nach klang seine Stimme von selbst kräftiger und zuversichtlicher. So sangen die beiden eine ganze Weile über das weite Waldland. Nachdem sie geendet hatten, zwitscherte Altos noch manche für Amarí unverständliche Worte gen Himmel, wonach er noch ein paar Augenblicke still lauschte. Amarí achtete diese Stille und betrachtete erneut den fernen See.

„‚*Wa*‘, das bedeutet ‚Seele‘“, sprach Altos jetzt plötzlich mit leiser, aber dennoch kraftvoller Stimme. „Wenn wir sagen ‚*Wa-nao Resambí*‘, dann sagen wir, ‚Ich bin verbunden‘, oder besser, ‚meine Seele ist mit deiner Seele verbunden‘. Man sagt dies nur dann, wenn man es in dem Moment auch wirklich fühlt. Jeder ist immer mit allem und jedem verbunden, auch wenn man es nicht immer und in jedem Moment gleich fühlen mag. Dieser Gruß drückt eine starke Verbindung zu jemandem oder etwas in eben diesem Moment aus. Wir grüßen oder verabschieden uns auf diese Weise nicht nur von Gefährten, sondern auch oft von Orten, Pflanzen, oder anderen Dingen, die ja auch Wesen sind oder aber von solchen bewohnt werden.“ Amarí gefielen diese Worte sehr und ließ sie in sich nachwirken. „Aber was ist das für eine Sprache, Altos?“, fragte er nach einem kurzen Augenblick der Stille. „Diese Worte stammen aus einer sehr alten Sprache, die ich bis auf einige wenige Redewendungen selbst nicht beherrsche. Manchmal höre ich die Vogelältesten in dieser Sprache singen oder miteinander reden, vor allem während ihrer Rituale.“

„Was genau passiert denn in diesen Ritualen?“, wollte Amarí weiter wissen. „Ich könnte jetzt viel erzählen, aber am Ende muss man die Dinge erleben, um sie zu verstehen. Viel reden kann dem Verstehen manchmal entgegenwirken. Lass dir ruhig ein bisschen Zeit mit den Dingen hier, Amarí.“ Die Schatten der Berge wurden breiter und der See war nun kaum noch zu sehen. „Komm Amarí, es wird Zeit! Bald bricht die Nacht an. Lass uns in mein Heim fliegen, ich möchte dich meiner Familie vorstellen!“

Wieder hatte diese neue Welt Amarís Zeitmaß außer Kraft gesetzt, denn seinem Gefühl nach hatte der Tag erst vor kurzem begonnen.

# Im Dorf

Es war fast dunkel als sie das Dorf erreichten. Während des Landeanfluges hielt sich Amarí dicht hinter Altos. Sie landeten direkt vor einem kleinen Haus, das auf dem starken Ast eines großen Baumes gebaut war und aus dem der Schein eines kleinen Feuers nach außen drang. Am Eingang wartete eine hübsche dunkelgrüne Vogeldame, deren Wange Altos zur Begrüßung zärtlich schnäbelte. „Das ist Ana, meine Gefährtin", stellte er sie seinem Freund vor. „Es freut mich, dich kennenzulernen", sagte Ana zu Amarí und reichte ihm eine Schüssel voller saftiger Beeren. Amarí erwiderte ihren Gruß und bedankte sich höflich. Er mochte Ana sofort und mit großem Appetit verspeiste er die köstlichen Beeren. Während er aß, ließ er seinen Blick durch das Innere des Hauses schweifen und entdeckte in der hinteren Ecke vier eng ineinander gekuschelte Flaumbälle.

„Nun lasst uns schlafen", sagte Altos, nachdem sie ihr Abendmahl beendet hatten, und zeigte Amarí, wo er sich einplustern konnte. Dieser hatte für einen Moment Bedenken, er werde womöglich einschlafen und im Saal der goldenen Scheiben wieder aufwachen, was ihm gar nicht gefallen würde. Zu schön und spannend erschien ihm diese neue Welt! Doch schnell verließen ihn seine Bedenken wieder, denn Ana und Altos stimmten einen kleinen Abendgesang an, der sich für Amarí wie ein Bad in einem

Meer von flauschigen Federn anfühlte, woraufhin er in einen köstlichen Schlaf sank.

*Im Traum folgte er über den Urwald fliegend einem Flusslauf. Von rechts näherte sich ein anderer Fluss dem seinen an, und beide Flüsse flossen eine Zeit lang nebeneinander her. Plötzlich bemerkte Amarí, dass er nicht allein war. Lerla flog neben ihm über dem anderen Flusslauf und schaute ihn aus ihren klugen schwarzen Augen an. „Siehst du Amarí, jetzt fliegen wir sogar zusammen!", sprach ihr Blick. Amarís Herz sprang vor Freude übermütig auf und ab. Es gab nichts auf der Welt, was er in diesem Moment lieber getan hätte, als mit Lerla an seiner Seite das weite grüne Dschungelmeer zu überfliegen. So glitten die beiden also Seite an Seite dahin, und sie sangen auch dabei. Amarí war sehr glücklich.*

*Irgendwann näherten sich die beiden Flüsse einander noch weiter an, um schließlich als ein einziger großer Strom in den Herzsee zu münden, den Amarí jetzt von weitem erkannte. Plötzlich wurde ihm sehr schwindlig. Er wandte seinen Blick dorthin, wo gerade eben noch Lerla geflogen war – doch sie war verschwunden. Sein Herz raste wie wild, als Amarí in die dunklen Tiefen des Sees stürzte. Für einen Moment blitzten noch grüne Augen aus dem Dunkel auf, doch dann war da nichts mehr als ein stechender Schmerz in seiner Brust.*

Die Sonne stand schon hoch am Himmel, als Amarí erwachte. Im Haus herrschte ein wildes Treiben. Vier flaumige Vogelkinder purzelten durch die Hütte. Sie neckten sich, versteckten sich, flatterten und rauften miteinander. Dabei gaben sie pausenlos quietschende, zwitschernde, ja geradezu ‚quitschernde' Laute von sich. Beim Ertönen dieses ‚Quitscherns' regte sich etwas tief in unserem kleinen, goldgelben Vogel – nur einen kurzen Moment lang, aber dennoch deutlich spürbar. Es war wie der Anflug einer wichtigen Erinnerung, die allerdings noch hinter einer dichten Nebelwand verborgen lag.

„Oh, habt ihr nicht auf mich gehört und doch Krach gemacht“, schimpfte Ana, die im selben Moment das Baumhaus betrat. „Man kann sie keinen Moment allein lassen“, sagte sie in entschuldigendem Ton zu Amarí, während sie noch ein paar dieser köstlichen Beeren vom Vorabend vor ihn hinlegte. „Er hat den Morgengesang verpasst!“, schrie einer der kleinen Flaumbälle und quitscherte empört. „Und das, obwohl wir doch so laut gesungen haben!“, schrie noch lauter der Kleinste und quitscherte anschließend ebenso empört wie sein größerer Bruder. „Er war sehr müde, wisst ihr“, erklärte ihnen ihre Mutter. „Er kommt nämlich von weit her und hat gestern viel erlebt.“ Die Vogelkinder schauten Amarí für einen Moment still aus ihren neugierigen Knopfäuglein an, trollten sich aber bald wieder in eine Ecke der Hütte, um nun mit ein paar Zweigen zu spielen, aus denen sie dann ebenso planlos wie kunstfertig eigenartige Dinge zusammenbastelten, wobei sie weiterhin frech vor sich hinquitscherten.

Amarí fühlte sich durcheinander und seine Schläfen pochten. „Oh, du bist aufgewacht! Ich dachte schon, du wirst den ganzen Tag verschlafen.“ Altos war nun auch hereingekommen und reichte Amarí ein gewölbtes Blatt mit einem grünlichen Trank darin. „Was ist das?“, wollte Amarí wissen. „Das ist ein stärkender Pflanzensaft“, antwortete Altos. „Ist auch gut fürs Herz.“

Da erinnerte sich Amarí an seinen Traum und bemerkte auch wieder den Schmerz in seiner Brust. In einem Zug trank er die bitter-würzige Medizin und erzählte Altos daraufhin, was er geträumt hatte. Als er fertig war, entging ihm nicht der rätselhafte Blick, der für einen Moment über Altos´ Gesicht huschte. Dieser äußerte sich jedoch nicht weiter zu Amarís Worten. Stattdessen brachte er ihm noch einen Schluck von dem grünen Pflanzensaft.

„Woher kommt dieser Trank?"

„Oh, den habe ich selbst gemacht."

„Selbst gemacht?"

„Ja, ein altes Rezept. Wir stellen hier alle möglichen Tränke her. Wir lieben Pflanzen. Hier ist für und gegen alles ein Kraut, eine Blüte oder eine Wurzel gewachsen.

„Für alles?"

„Naja, für fast alles. Aber Gesänge, die gibt es für alles."

„Ach, erzähl mir mehr darüber, Altos!", bat Amarí.

„Hör einfach gut hin, mein Freund!" Amarí hörte wie Ana in der Küche leise sang.

„In unserem Alltag ist alles Gesang – Futter suchen, Kräuter sammeln, Schmuck basteln, Federn putzen. Jede Tätigkeit hat ihren Gesang. Und je nachdem, mit welcher Stimmung man diese Tätigkeit ausführt, klingt der gleiche Gesang schon wieder ganz anders. Es gibt Gesänge für Bäume, für das Wasser, für Tiere. Jedes Ding und jedes Wesen hat seinen Gesang. Und jede Sekunde entstehen neue Gesänge." Amarí staunte. Wenn man im Saal der goldenen Scheiben überhaupt sang, dann waren es immer die gleichen Lieder, die ihm im Laufe der Jahre langweilig geworden waren, so dass er kaum Lust verspürt hatte, überhaupt noch zu singen. Seine Neugier war geweckt. „Hat auch jeder einzelne Vogel einen Gesang?“, wollte Amarí jetzt wissen. Altos schaute ihn an, als freute er sich über diese Frage! „Ja, jeder Vogel hat einen eigenen Gesang. Seinen ganz eigenen Ton.“ „Oh, ich möchte all diese Gesänge lernen“, schwärmte Amarí. Ana glitzerte Amarí aus ihren schönen Augen ebenso aufmerksam wie liebevoll an, und für einen kurzen Moment glaubte er, in Lerlas Augen zu blicken.

Die Tage im Waldland vergingen wie im Flug. Amarí folgte Altos überall hin. Sie machten Besuche, sahen und hörten den anderen Vögeln bei ihrem Tageswerk zu, packten hier und dort mit an, sammelten unterwegs Kräuter und Beeren und fingen zudem so manch fetten Wurm. Nicht zu vergessen die Ausflüge über Wald und Fluss, die Amarí besonders liebte. Und natürlich wurde überall und ständig gesungen. Bald fühlte Amarí sich in dem kleinen Urwalddorf so zu Hause, dass es ihm vorkam, als hätte er schon immer hier gelebt. Wo er auch hinkam, begrüßte man ihn wie einen alten Bekannten. Amarí genoss dieses Wohlwollen, das ihm ringsum begegnete, sehr. Und auch das Lachen. Die bunten Waldvögel waren nämlich oft nicht nur komisch anzuschauen mit ihren lustig umherstakenden Federn auf den Köpfen, sie waren trotz ihrer Ernsthaftigkeit und einer gewissen Seelentiefe so ganz und gar nicht ernst, sondern foppten sich gern gegenseitig. Amarí lernte schnell und hatte sich sehr bald schon viele Lieder und Gesänge eingeprägt. Und wenn er einen Vogel beim Singen belauschte, so wusste er meistens, was dieser gerade tat oder zu tun gedachte.

Eines Abends verspürte Amarí vor dem Einschlafen den Wunsch, für immer hier bei seinen Freunden im Waldland zu bleiben. Doch dann dachte er plötzlich an Lerla und sein Herz erfüllte sich mit Sehnsucht. Mit diesem Gefühl schlief er ein.

*Im Traum fand sich Amarí eingesperrt in einem winzigen Raum, dessen Wände aus goldgelbem Spiegelglas bestanden, das ihm kein Bild von sich selbst zeigen konnte. In dem Spiegelglas erschienen einige seiner Freunde aus dem Saal der goldenen Scheiben – Olai, Nentu, und noch ein paar andere, die ihn allerdings nicht zu bemerkten schienen. Amarí wurde ganz eng ums Herz und wieder spürte er diesen stechenden Schmerz in der Brust. Im nächsten Moment flog er wiederum mit Lerla über die Flussläufe und erblickte von weitem den Herzsee, der ihm diesmal ganz und gar dunkel erschien. Lediglich in der Mitte des Sees war ein grünliches Schimmern zu erkennen. Für einen Moment sah Amarí Salinok und Silberfeder am Ufer des Sees sitzen. Dann stürzte er erneut in die Tiefe. Diesmal kamen ihm die grünen Augen so nahe, dass Amarí befürchtete, das Ungeheuer würde ihn verschlingen.*

Schweißgebadet und zitternd wachte er auf. Wieder schmerzte sein Herz.

# Das Ritual am See

Altos stand bereits am Ausgang des kleinen Baumhauses, als Amarí die Augen öffnete. „Du bist so weit, Amarí?" Das klang wie eine Feststellung. „Darf ich fragen, was…" Mit freundlicher, aber fester Stimme unterbrach Altos Amarí. „Wir fliegen zum See. Die Ältesten wollen dort ein Ritual durchführen."

Amarí wunderte sich ein bisschen, dass er so gar nichts von diesem Plan mitbekommen hatte, hatte er doch Altos während der letzten Tage rund um die Uhr begleitet und kein Gespräch verpasst. Jedoch vermutete der kleine goldgelbe Vogel bereits seit einer ganzen Weile, dass sich die Waldvögel untereinander auf eine geheimnisvolle Weise über Worte und Gesänge hinaus verständigten. Manchmal traf man sich ganz zufällig und doch wie verabredet und manchmal bekundete Altos, dass dieser oder jener Freund sie erwarte, obwohl vorher nichts dergleichen besprochen worden war. Und heute sollte also ein Ritual stattfinden.

Der Mond stand noch hell und voll über dem von Nebeln versponnenen Waldland, als sich die beiden in die Lüfte erhoben. Amarí spürte, wie die frische Morgenluft im Flug durch sein Gefieder strich und seinen Körper wie auch seinen Geist immer wacher und lebendiger machte. Die Welt um ihn her erschien ihm plötzlich als ein großes Geheimnis, ein Geheimnis, das lebte und atmete und gleich einem verzauberten, unergründlichen Wesen sein ureigenes Leben führte, unabhängig davon, was man über es denken oder herausfinden mochte. Ein Geheimnis, das unerschlossen bleiben würde, egal wie oft man die Wälder durchstreifen und die Flüsse überfliegen würde. Der einzige Weg eines jeden lebendigen Geschöpfes, sich diesem lebendigen Geheimnis anzunähern, war, es mit jeder Faser seines Körpers und seiner Seele einzuatmen, es zu fühlen.

Amarí begann leicht zu zittern, als Altos und er nun dem Flusslauf folgten, der in der Ferne in den Herzsee mündete. Nun erinnerte sich Amarí wieder an seinen Traum von letzter Nacht, und zwar mit einer solchen Intensität, dass er für einen Moment tatsächlich glaubte, er würde sogleich wieder abstürzen. Genau in diesem Augenblick pfiff Altos eine kurze Melodie, die Amarí sofort aus seinem Tagtraum weckte.

Nachdem sich Amarí von dem Schreck erholt hatte, fiel ihm die Schlange ein. „Sag, Altos, warum ist die Schlange im See eigentlich krank?“ Altos aber antwortete nicht, sondern drehte vom direkten Kurs gen See ab und flog zu dem Hügel, auf dem sie bei ihrem ersten gemeinsamen Ausflug gewesen waren. Dort landeten sie und ließen sich an der gleichen Stelle wie damals nieder. Es roch nach Erde und Wald. Amarí liebte diesen Duft. Die Dunstschleier über dem Wald begannen sich langsam zu lichten. Nur der See blieb nach wie vor vom Nebel verborgen.

„Wie du ja bereits weißt, ist der Herzsee die Wiege der Vogelheit“, begann Altos nach einigen Momenten der Stille zu sprechen. Sein Blick war in die Weite gerichtet.

„Die Schlange Lunala war das erste Wesen hier. Sie kam aus den Tiefen dieses Wassers auf die Erde, gebar die ersten buntgefiederten Vögel und brachte ihnen bei, wie man in Frieden auf und mit der Erde lebt. Lunala besitzt selbst auch Federn und Flügel und wenn sie aus dem See kommt, um den Fluss hinaufzuschwimmen oder eine Runde am Himmel zu drehen, so zeigt sich sehr oft ein prächtiger Regenbogen über dem Land. Nun geschah es aber, dass einige der Nachfahren jener Vögel, die Lunala geboren hatte, kurz nach ihrer Geburt aus ihren Nestern fielen und nicht mehr wussten, wie sie zurückkehren konnten. Sie entfernten sich immer mehr von ihrem Ursprung. Der alte Stamm zerfiel. Und so vergaßen auch deren Kinder und Kindeskinder, woher sie einst gekommen waren. Sie suchten vielleicht nicht einmal mehr bewusst danach, weil ihnen niemand mehr von ihrer eigentlichen Herkunft erzählte. Auch die alten Geschichten wurden immer weniger erzählt, wohl weil auch immer weniger danach gefragt wurde. Denn mit der Zeit gab es so viele Dinge, mit denen sich die Leere in den Herzen, die eben durch diese innere Entfernung vom Kern des Wesens entstanden war, vermeintlich füllen ließ. Aber eben nur vermeintlich. Tief in ihren Herzen wissen alle Vögel darum, die einen mehr, die anderen weniger bewusst."

Altos machte eine Pause und atmete tief. Dann fuhr er fort: „Lunala beobachtete all das über die Zeiten hinweg und da sich immer mehr ihrer Kinder von ihrem Ursprung entfernten, wurde sie immer trauriger. Zurzeit ist sie wieder besonders traurig. Und wenn sie so betrübt ist, dann wird sie krank und mit ihr der gesamte See, all sein Wasser. Du musst wissen, dieser Ort ist nicht nur für diese Welt wichtig, sondern auch für alle anderen Welten. Und auch was dort, in den anderen Welten passiert, spiegelt sich im Wasser des Herzsees wider."

„Dann ist der Herzsee so eine Art Weltenherz?" Amarí war berührt. „Das könnte man so sagen", antwortete Altos. „Aber jetzt müssen wir los. Die anderen warten sicher schon auf uns", schloss er. Amarí hätte noch viele Fragen gehabt, doch Altos breitete bereits seine Flügel aus.

Der Nebel über dem Herzsee hatte sich inzwischen gelichtet und während sie sich ihm näherten, konnte Amarí bereits von Weitem erkennen, dass an seinem Ufer eine Menge Vögel versammelt waren, die in kleinen Grüppchen zusammenstanden und leise miteinander sprachen. Amarí erinnerte sich an das erste Ritual, das er im Waldland erlebt hatte. Hier waren sie alle wieder mit ihren bunten Kronen, Samenkörnerketten und Raubtierzähnen. Ganz nah am Ufer erblickte Amarí auch Querubín und Silberfeder. Letzterer nickte ihm kurz zu, während er landete. Amarí freute sich. Doch dann sah er den Ernst in den Augen der anderen und verstand, dass dies kein Fest der Freude war, wenngleich dennoch eine Art Feierlichkeit in der Luft lag.

Ein Feuer wurde entzündet. Amarí beobachtete, wie Altos und Silberfeder Kräuter in die Flammen warfen. Und nachdem alle ihre Köpfe in dem nun würzig duftenden Rauch des Feuers gebadet hatten, wurden einige der Kräuter auch in den See gegeben. Dem Wasser zugewandt begann Querubín jetzt mit einer Samenkette zu rasseln und zu singen. Es war ein sehr zärtlicher Gesang, beinahe ein Liebeslied. Ein sanfter Wind kam auf und die Wasseroberfläche kräuselte sich leicht. Allmählich wurde Querubíns Gesang lauter und kraftvoller. Silberfeder, Altos und weitere Waldlandbewohner stimmten ein.

Amarí wurde plötzlich übel und so schloss er die Augen. Vor seinem inneren Auge sah er Wellen, die sich im Rhythmus der Gesänge bewegten. Auf einmal bekam Amarí keine Luft mehr und stellte schockiert fest, dass um ihn her nichts als Wasser war. Er begann mit den Flügeln und Füßen zu rudern und wollte um Hilfe schreien. Doch bekam er keinen Ton heraus. Todesangst überfiel ihn. Amarí fühlte sich unendlich hilflos. Plötzlich tauchten die grünen Augen auf, die er bereits aus seinen Träumen kannte, und kamen direkt auf ihn zu. Je näher sie ihm kamen, umso größer wurde auch Amarís Panik. Für einen Moment hörte er einen Gesang mit den Worten: *„Am Herzsee, wo ich mit dem Herzen seh, tut mir das Herz so weh…“* Dann überfiel ihn wiederum Panik und er hörte gar nichts mehr. Amarí war sich nun seines bevorstehenden Todes sicher, ob nun durch Ertrinken oder Gefressen werden. Er wollte nur noch, dass die Qual endlich ein Ende hätte. Also blickte er mitten in die grünen Augen hinein, um sich seinem Schicksal zu stellen und begann … zu atmen! Er konnte plötzlich wieder atmen! Je mehr er in den grünen Augen versank, umso besser bekam er Luft und desto ruhiger wurde er. Bald war Amarí ganz in das Grün eingetaucht, das ihn nun warm und tröstend umhüllte, und das Grün tauchte in ihn ein und durchströmte sanft aber bestimmt seinen ganzen Körper. Er ließ es zu und es tat gut. Amarí fühlte, dass dieses Grün – was immer es auch sein mochte – durch und durch heilsam war und wenn er spürte, das „es“ Mühe hatte, sich in manchen Winkeln seines Körpers und seiner

Seele auszubreiten, dann atmete er tief und weich und dann ging es besser. Die Schmerzen waren verschwunden und Amarí fühlte sich eingehüllt in Liebe und von Leichtigkeit und Freude erfüllt. Es war eine Wohltat. Er fühlte, wie sein Herz weit wurde und glaubte, in bunt glitzernden Sternen zu baden. In dem Grün schimmerten jetzt viele bunte Farben. Da! Eine grüne Feder tanzte um Amarí herum und fächelte ihm mit sanften Bewegungen einen wohltuenden Duft zu. Dann sah er kreiselnde Raubtierzähne und Federkronen, und wieder blickten ihm grüne Augen entgegen, dieses Mal aus dem Gesicht von Querubín, das mit dem Antlitz von Silberfeder verschmolz. Amarí spürte ein Streicheln auf dem Kopf und vernahm wiederum einen Gesang. Dieser Gesang war wie ein lebendiges Wesen, das zuerst um ihn herum tanzte und dann genauso durch ihn hindurchströmte wie zuvor das grüne Licht. Amarí tauchte immer tiefer in diese wunderbaren Töne ein, die nun aus seinem Inneren zu kommen schienen. Der kleine goldgelbe Vogel empfand tiefen Frieden und eine unendliche Geborgenheit.

Als Amarí die Augen öffnete, fand er sich am Ufer des Sees im Schatten eines Baumes auf weichem Gras liegend. Die Sonne stand schon hoch am Himmel. Von weitem sah er die anderen Vögel am Ufer sitzen. Sie unterhielten sich, einige rauchten Zigarren. Hin und wieder drang ein Lachen zu ihm herüber. Das Wasser des Sees war jetzt kristallklar und von einem hellgrünen Schimmer durchzogen. Amarí ließ seinen Blick eine Weile über die Wasseroberfläche schweifen, doch gleichzeitig war ihm, als blickte er tief in den See und ebenso tief in seine eigene Seele hinein.

Der See war Teil seiner inneren Welt, das fühlte er jetzt ganz deutlich.

Gerade als er den Wunsch verspürte, das Wasser noch einmal seinen Spiegel sein zu lassen, vernahm er eine vertraute Stimme: „Wie geht es dir, mein Freund?“ Amarí zuckte zusammen, um im nächsten Moment innerlich vor Freude zu jubeln, als er Silberfeder an seiner Seite erblickte. „Hallo…“, stammelte er verlegen und fügte noch schnell ein „gut!“ hinzu.

„Wie ich sehe, hast du die Tür gefunden, du mutiger kleiner Vogel!“ Amarí war sich nicht sicher, ob Silberfeder damit sein Leben jenseits des Saals der goldenen Scheiben meinte oder das, was er soeben erlebt hatte. Doch das war plötzlich gar nicht so wichtig. „Und, wie ist das so mit dem Auswandern?“, fragte Silberfeder mit einem schelmischen Blick in seinen blauen Augen, die heute leicht grün schimmerten wie es Amarí erschien. „Ich fühle mich sehr wohl hier!“, antwortete er ohne nachzudenken. „Das kann ich verstehen, geht mir auch so!“, gab Silberfeder nickend zurück, ohne Amarí aus den Augen zu lassen. „Komm, ich möchte dich mit Querubín bekanntmachen. Sicherlich weißt du, dass er als der weiseste aller Vögel dieses Landes bekannt ist.“ Und schon ging er los und hieß Amarí mit einer Kopfbewegung, ihm zu folgen. Der war nun ganz aufgeregt.

Querubín war kleiner, als es von weitem schien. Und man sah ihm an, dass er schon sehr alt sein musste. Doch strahlte er eine Beweglichkeit und Wachheit aus, die Amarí selbst bei jungen Vögeln selten gesehen hatte. Querubíns Blick ruhte freundlich und wohlwollend auf dem kleinen goldgelben Vogel, als sie sich gegenseitig höflich begrüßten.

„Du bist ein tapferer Bursche, kleiner Freund!" Querubín nickte anerkennend und sah Amarí direkt in die Augen. Die seinen waren so schwarz wie die dunkelste Nacht und doch ging ein unsagbar helles Leuchten von ihnen aus. „Schön, dass du hier bist. Du bist uns sehr willkommen. Unserer Seeschlange übrigens auch." „Äh, wie geht es Lunala?", fragte Amarí ein wenig verlegen. „Nun, das werden wir erst morgen wissen, doch scheint unser Ritual recht erfolgreich gewesen zu sein. Allerdings war es sicherlich nicht das letzte. Also, vielleicht sehen wir uns ja schon bald wieder, kleiner goldener Freund aus dem Saal der goldenen Scheiben!" Dies gesagt, nickte Querubín Silberfeder zu, der sich daraufhin seinen Krückstock unter die Zehen klemmte und seine Flügel ausbreitete, wobei er Amarí zum Abschied zuzwinkerte. ‚Er hat es die ganze Zeit gewusst! Das mit dem Fliegen, und alles andere auch', dachte Amarí, während er sich an ihre allererste Begegnung erinnerte. „Adioooos!" und „*Wanao Resambi*!", riefen die bunten Vögel am Seeufer als die Alten davonflogen.

„Na, du wolltest doch noch in den Spiegel schauen?!" Altos stand jetzt neben Amarí. Wieder wurde dieser ein wenig unsicher. „Mach einfach, was du fühlst! Das muss dir überhaupt nicht peinlich sein!" Altos lachte Amarí aufmunternd zu. Amarí lachte erleichtert zurück und hüpfte zum Seeufer. Das Wasser war zwar fast klar, dennoch war sein Spiegelbild eher subtil. Er musste mehrmals blinzeln, und sah sich manchmal fröhlich, manchmal traurig dreinblickend, mal ohne Feder auf dem Kopf, mal mit einer blauen, mal mit einer grünen und dann wieder mit einer blauen und einer grünen Feder.

„Die grüne Feder habe ich noch nicht gesehen“, sagte Amarí mehr zu sich selbst als zu Altos. „Vielleicht ist sie dir die letzte Nacht gewachsen!“, antwortete Altos dennoch. Hinter seinem Spiegelbild erblickte Amarí nun ein paar Augen, die ihm wiederum bekannt vorkamen und eine Sehnsucht in ihm auslösten. Er schaute tiefer in den See. „Lerla!“, flüsterte Amarí.

## Gesänge der Sehnsucht

Am nächsten Tag erzählten die Vögel im Dorf, dass es der Schlange besser ginge und dass das Wasser des Sees nun kristallklar sei, mit einem hellgrünen Schimmer versetzt. Einige hatten einen strahlenden Regenbogen über dem Fluss gesehen, andere berichteten, sie hätten Lunala selbst singen hören.

Amarí konnte das grün glitzernde Wasser des Sees noch immer in seinen Adern spüren. Es erfrischte ihn von innen, und verband ihn mit einer neuen Dimension. Der See war nun ein Teil von ihm so wie er auch ein Teil des Sees war. Er fühlte sich seit seinen Erlebnissen während des gestrigen Rituals nicht nur viel leichter, sondern nahm die Dinge auch anders wahr; all das musste etwas mit dem Wasser zu tun haben. Wenn jemand sang, dann erkannte Amarí jetzt nicht mehr einzig anhand der Melodien und der Klangfarben der Töne was das Lied aussagte, vielmehr fühlte er den Gesang jetzt einfach in seinem Körper und in seiner Seele und wusste intuitiv Bescheid. Das war ein großer Unterschied.

Doch noch etwas war plötzlich anders: Der goldgelbe Vogel verspürte Heimweh. Und darüber wunderte er sich selbst. Es musste wohl etwas mit Lerlas Augen zu tun haben.

„Altos, wieso kann ich im See jemanden sehen, der gar nicht da ist?“ Altos war gerade dabei, sich die Zehen mit dem Schnabel zu putzen, was er sofort unterbrach, als er

Amarís Frage hörte. Bei den Waldvögeln galt es nämlich als äußerst unfein, sich während eines Gesprächs die Zehen zu putzen, und dies erst recht, wenn es um etwas so Wichtiges ging wie etwa um rituelle Dinge oder aber die Liebe.

„Der See ist mit verschiedenen Welten verbunden, aber das weißt du ja bereits", antwortete Altos. Jetzt fiel Amarí wieder ein, dass Salinok ihm bei ihrer ersten Begegnung erzählt hatte, er habe ihn schon vorher im See gesehen.

„Wen hast du denn gesehen?", wollte Altos wissen.

„Ach, nicht so wichtig", log Amarí.

Altos legte den Kopf schräg zur Seite und schaute Amarí prüfend an. „Wenn du jemanden in dem See siehst, dann bedeutet das, dass dieses Wesen für dich eine bestimmte Bedeutung hat, dass der eine für den anderen eine wichtige Rolle spielt, also ein besonderes Band zwischen euch besteht." Altos setzte das Reinigen seiner Zehen fort, um es gleich wieder zu unterbrechen.

„Ist sie hübsch?" Seine Stimme klang jetzt ein wenig kess. „Entschuldige, wenn ich meinen Schnabel überall reinhänge … es ist nur … Ich möchte, dass es dir gut geht." Dann lachte er frech und fügte hinzu: „Na und neugierig bin ich natürlich auch." „Schon gut", murmelte Amarí lächelnd. „Ja, sie ist sehr hübsch." „Und du vermisst sie", sagte Altos und nickte dabei verständnisvoll. „Ja", bestätigte der goldgelbe Vogel und wiederum machte sich Sehnsucht in ihm breit. „Dann wartet vielleicht eine Aufgabe in deiner Heimat auf dich, wenn die Kleine dich zurückruft", überlegte Altos. „Aber ich bin doch hier noch lange nicht fertig. Es gibt noch so viele Gesänge, die ich lernen möchte! Ich mag alle lernen! Meine Welt ist gar nicht mehr meine Welt und das war sie nie wirklich. Ich kann mir nicht vorstellen, wieder dort zu leben!"

Verzweifelt blickte Amarí auf den Boden, als ob von dort eine Lösung kommen könnte.

„Manchmal verändern sich die Dinge auch", erwiderte Altos. „Etwas verändert sich in dir, und die Welt, in der du lebst, ist plötzlich eine andere. Und alle Gesänge dieser Welt kannst du wohl kaum lernen, denn es gibt unendlich viele, mein Freund, und jede Sekunde entstehen neue. Du hast ein sehr gutes Gehör und das ist wunderbar, denn das Zuhören ist eine sehr wichtige Sache und allgemein von sehr großer Bedeutung. Doch Nachsingen ist längst nicht alles, weißt du." Altos machte eine kurze Pause und schaute Amarí noch tiefer in die Augen.

„Nun ist es wohl für dich an der Zeit, dass du deinen eigenen Ton findest. Geübt hast du es ja bereits." Amarí schaute ihn fragend an. „Neulich am Fluss zum Beispiel, weißt du noch? Versuch dich fortan weniger auf das zu konzentrieren, was die anderen singen, sondern mehr auf das, was du in dir hörst." Erneut hielt Altos inne. Sanft streichelte das Rauschen der Bäume Amarís Ohren. Altos sprach nun ganz leise, als würde er Amarí ein Geheimnis anvertrauen: „Und wenn du ganz und gar von innen und aus deinem Herzen heraus singst, dann kannst du damit zaubern. Und auch die Welt, aus der du kommst, wird für dich in einem ganz anderen Licht strahlen, glaub mir."

Am Nachmittag flog Amarí allein los. Es war das erste Mal, dass er ohne Begleitung im Waldland unterwegs war. Für einen Moment verspürte er trotz seiner inneren

Schwere eine tiefe Freude und musste leise lachen als er sich an seinen allerersten Flug erinnerte, bei dem er prompt gegen einen Baum geprallt war. Wie selbstverständlich das Fliegen ihm jetzt geworden war! Wie hatte er jemals auch nur einen Tag leben können ohne zu fliegen? Das konnte er nun gar nicht mehr begreifen!

Dann besuchte er jenen Hügel, auf dem er oft mit Altos gesessen hatte, und schaute still in die Ferne. Der Herzsee leuchtete von weitem in einem hellen Türkis. Und während Amarí so dasaß und dem Wind lauschte, der in den Baumwipfeln unzählige Gesänge ertönen ließ, fühlte er sich traurig und froh zugleich und wunderte sich selbst, wie das möglich war. Dann betrachtete er den Himmel und erblickte eine Wolke in der Form eines fliegenden Schwans. Amarí erinnerte sich an den Schwan der Sehnsucht, der ihn damals aus dem Saal der goldenen Scheiben zurück ins Waldland getragen hatte. Aber was jetzt?

In diesem Moment schien es Amarí, als hätte sich trotz seiner Reise hierher nichts verändert, spürte er doch wieder dieselbe tiefe Sehnsucht in sich wie einst auf seinem Kastanienbaum im Saal der goldenen Scheiben. Verzweifelt ließ er den Kopf hängen. War doch alles umsonst gewesen? Hatte er sich geirrt in seinem Glauben, er könnte von jenen tiefen Gefühlen, die ihn oft niederdrückten, ja, sogar lähmten, jemals geheilt werden? Hatte er geirrt auch in jenem Glauben, irgendwann einmal irgendwo tatsächlich anzukommen und seinen Platz zu finden? Irgendwann nicht mehr auf der Suche zu sein? Eines Tages vergessen zu haben, was Leere bedeutete? Und Traurigkeit? Und Wut?

Der Wind blies jetzt stärker und Amarí plusterte sein Gefieder auf. ‚*Wenn das Sehnen sucht …*‘, erinnerte er sich. Vielleicht würde das mit der Sehnsucht besser, wenn er einfach noch ein Stück flöge. Aber eigentlich hatte er keine Lust zum Fliegen. Er dachte an Lerla und fühlte sich zwischen seinem Dasein hier im Waldland und dem Leben in seiner Heimat hin- und hergerissen.

Jetzt kam der Wind direkt vom See herauf und blies Amarí ins Gesicht. Der Schwan am Himmel zerstob in hunderte kleine Teile, ohne dass er auch nur ein Wort mit ihm hatte sprechen können. Amarí blickte zum See hinüber, glaubte aus der Ferne dessen grünes Schimmern zu erfassen und spürte dabei ein Kitzeln in seinen Adern. Er konnte nicht anders, als sich diesem inneren Kitzeln zu überlassen, obwohl es das Gefühl der Sehnsucht für einen Moment noch vertiefte. Doch während dieses Gefühl tiefer wurde, fühlte es sich auch zunehmend erträglicher an.

Der Wind wurde noch stärker und Amarí schloss die Augen. Im Rauschen des Windes vernahm er Töne, die ihm neu und doch irgendwie vertraut waren. Während er lauschte war er sich nicht mehr sicher, ob es tatsächlich der Wind war, der diese Töne zu ihm trug, oder ob sie nicht doch aus seinem Inneren rührten, denn ganz deutlich konnte er die Klänge nun auch in seinem Körper spüren – alles schien jetzt in ihm zu schwingen. Ohne nachzudenken begann Amarí zu singen, erst ganz leise und dann immer lauter. Diesmal flog er nicht mit seiner Sehnsucht, sondern er sang mit ihr! Der kleine Vogel sang und tönte und tönte und sang. Und er hatte das Gefühl, dass sich unzählige weitere Stimmen und Klänge mit in seinen Gesang einreihten, ja, es war ihm, als würde der ganze Wald mit ihm gemeinsam singen. Wieder erschien vor seinem Inneren das Bild jener grünen Augen, die ihn diesmal ganz liebevoll anschauten und sodann in einen Regenbogen zerflossen, der ihn umhüllte. Schließlich sah er ein helles Licht, in das er immer tiefer eintauchte und das auf diese Weise seinen Körper und seine Seele durchströmte. Und abermals tauchten jene grünen Augen auf, die ihn zufrieden anblickten. Das Empfinden der Sehnsucht verwandelte sich in ein Gefühl der Gnade und Erfüllung. Während er sang, fühlte sich Amarí unendlich glücklich.

Er hatte keine Ahnung, wie lange er gesungen hatte. Doch als Amarí die Augen öffnete, lugte die Abendsonne hinter den Wolken hervor, die sich bereits zartrosa färbten und die kommende Nacht ankündigten. Der Wind hatte sich gelegt und Amarí glaubte den Geruch von Tabak in der Luft wahrzunehmen. Er schaute sich um, konnte jedoch niemanden entdecken. Da es hier im Waldland nach dem Erscheinen des ersten Abendrotes immer sehr schnell dunkel wurde und er nicht von der Nacht überrascht werden wollte, machte er sich sofort auf und flog zurück zum Dorf.

Altos saß rauchend auf einem Ast vor dem Haus und beobachtete Amarí interessiert, während dieser landete. Doch sie redeten nichts weiter als „Guten Abend!“, und „Guten Abend!“, und „Na, alles fein?“, und „Ja, alles fein!“, und „Bei dir auch?“, und „Ja, bei mir auch“, und „Gute Nacht“, und „Dir auch gute Nacht!“.

Amarí stand schon in der Tür des Baumhauses, da drehte er sich doch noch einmal zu Altos um: „Sag mal, warum raucht ihr denn eigentlich so gern?“ Altos nahm einen genüsslichen Zug von seiner Zigarre und blies den Rauch genauso genüsslich aus, wobei er diesen versonnen beobachtete, bis er sich aufgelöst hatte.

„Naja, Tabak ist eine sehr kraftvolle Pflanze, weißt du. Man kann Gebete damit sprechen und außerdem hilft sie mir oft dabei, meine Erfahrungen zu verarbeiten, indem sie einzelne Teile näher zusammenrückt. Der Geist der Pflanze ist lebendig und unterstützt die Wesen, die mit ihm bewusst in Kontakt treten.“ Altos rauchte einen weiteren Zug und fuhr fort: „Aber wenn man ihn missachtet, dann kann er auch genau entgegengesetzt wirken. Er kann einen dazu bringen, gar nichts mehr zu fühlen. Und dann entfernt man sich immer weiter von sich selbst.“ „Wie die Vögel im Grauland?“ Amarí erinnerte sich an das, was Salinok vor seiner Abreise gesagt hatte. „Zum Beispiel.“ Altos nahm noch einen Zug.

Amarí dachte an Salinok.

„Sag Altos, wie kann es sein, dass jemand wie Salinok, so hell und strahlend weiß, in einem Land geboren wurde, das Grauland heißt?“ Altos zog wieder an seiner Zigarre und schaute den Kringeln nach, die gen Nachthimmel schwebten. „Tja Amarí, die einen sind zu strahlend für ihre Welt, die anderen sind in ihr unsichtbar. Es hört sich erstmal sehr verschieden an, aber anfühlen tut es sich vielleicht ganz ähnlich. Einsam, verloren, verlassen ... Deshalb ist Salinok hergekommen. Und du wohl auch, oder?“ „Ja, so muss es wohl sein.“ Amarí verstand. Altos fuhr fort: „Es ist sehr wichtig, seine Gefühle zu kennen. Und es ist gut, im Laufe des Lebens so viele Gefühle wie möglich kennenzulernen. Mit ihnen Freundschaft zu schließen, wie mit fremden Wesen, die man, je besser man sie kennt, auch immer mehr respektieren lernt. Und dann können sie einem sehr viel beibringen."

Amarí war berührt. Beide schwiegen in die Nacht. Amarí dachte an den Schwan der Sehnsucht, der ihm so viel geschenkt hatte, aber auch an das Wesen mit den grünen Augen. Was hatte es mit diesem wohl genau auf sich? Zu müde, um weiter nachzudenken, zog sich Amarí zurück. Trotz seiner Erschöpfung fühlte er sich doch auch angenehm belebt, als er sich in seiner Schlafecke einkuschelte. Aus der anderen Ecke konnte er das sanfte Schnarchen der Vogelkinder vernehmen, die eng an ihre Mutter gekuschelt schliefen. Ana summte leise im Halbschlaf. Der Tag und auch die letzte Nacht wirkten in dem kleinen Vogel noch nach, und es tat ihm so gut, nicht nachzudenken, sondern nur zu fühlen. Da gab es keine Widersprüche, keine ewig wiederkehrenden Fragen, kein Woher und kein Wohin, sondern nur jetzt und das, was eben gerade da war, ob bekannt oder unbekannt oder beides gleichermaßen. Was für eine Erleichterung!

# Am Grunde

„Und? Hast du sie gestern getroffen?“, wollte Altos am nächsten Morgen wissen, während er und Amarí gemeinsam auf dem Ast eine saftige Frucht frühstückten. Es roch nach satter Erde und frischem Gras. Um sie her funkelte der frische Tau auf den Blättern. „Wen?“, fragte Amarí und dachte für einen Moment wieder an Lerla, wie so oft in letzter Zeit. „Sie! Lunala!“ „Aber ich war doch gar nicht am See“, antwortete der Amarí. Altos blieb still, doch Amarí bohrte weiter. „Wie meinst du das?“ Für einen kurzen Moment blickte Altos dem goldgelben Vogel tief in die Augen und sagte anschließend: „Du musst nicht unbedingt am See sein, um sie zu treffen. Ein Teil von ihr lebt jetzt auch in dir.“ Amarí schaute Altos fragend an und dachte zugleich an die grünen Augen, das grünschimmernde Wasser und an seine veränderte Wahrnehmung seit dem Ritual am See.

„Heute Abend werden wir wieder zum See fliegen“, sagte Altos und fügte noch hinzu: „Bereite dich auf eine lange Nacht vor und ruh dich heute gut aus.“

Amarí wollte sogleich noch mehrere Fragen stellen, doch er kam nicht dazu, denn Altos setzte ohne zu Zögern zum Aufbruch an. „Wir sehen uns später“, murmelte er einfach und flog davon. Amarí ärgerte sich ein bisschen, denn zu gern hätte er mehr über die bevorstehende Nacht erfahren! Nun musste er den ganzen Tag lang warten und würde wahrscheinlich ununterbrochen rätseln. Wahrscheinlich würde es wieder um die Schlange gehen. Aber eigentlich war sich Amarí gerade gar nicht so sicher, ob er noch Lust darauf hatte, mehr über die Schlange und diese Welt hier zu erfahren. Irgendetwas in ihm sträubte sich plötzlich gegen eine weitere Erfahrung am See. Ein anderer Teil in ihm war sich jedoch sicher, dass all das auch etwas mit ihm selbst zu tun hatte und dass es wichtig war, dabei zu sein, was auch immer es war.

Der Tag verging nicht ganz so langsam, wie Amarí anfänglich befürchtet hatte. Er half Ana beim Beerensammeln, spielte danach mit den Vogelkindern eine Runde Schnabelball – als Ball diente dabei eine große feste Beere, die solange mit den Schnäbeln herumgeschubst wurde, bis diese zerplatzte – und anschließend badeten sie gemeinsam im Fluss. Bei all dem wurde wieder fröhlich und ausgelassen gequitschert. Und auch quitscherten und jauchzten die Flaumknäule unendlich erfreut, als sie sich gegenseitig mit Wasser vollspritzten.

Amarí wunderte sich, warum er sich bei diesem ausgelassenen Spiel auf einmal wieder unwohl zu fühlen begann. Es musste wohl dieses ‚Quitschern' sein, das ihm irgendwie nicht bekam, diese seltsame Mischung aus Gequietsche und Gezwitscher, die irgendwas in ihm weckte, etwas, das er einfach nicht greifen konnte.

Letztendlich zog sich Amarí für eine Weile an einen stillen Ort zurück, um ein bisschen für sich allein zu sein, nach innen zu lauschen und zu singen. Es war ein wohltuendes Alleinsein, das nichts zu tun hatte mit jener quälenden Einsamkeit, die er damals im Saal der goldenen Scheiben manchmal verspürt hatte. Da wurde es auch schon Abend und Altos pfiff nach ihm.

„Es geht los!“

Als sie aufbrachen schlossen sich Amarí und Altos noch zwei Nachbarn an. Auch Ana flog diesmal mit. Amarí hatte am Ufer des Sees wieder so viele Vögel vermutet wie das letzte Mal, und ebenso hatte er erwartet, Silberfeder und Querubín würden zugegen sein. Tatsächlich aber stellten sich nur drei andere Vögel ein, die Amarí nicht einmal kannte. Ein Feuer brannte und Altos und noch ein weiterer Vogel pafften schweigend an ihren Zigarren, während sich die anderen Anwesenden über das Beerenpflücken austauschten. Über den Grund ihrer aller Anwesenheit am See fiel kein Wort.

Der Mond war voll und gelb und stieg immer höher, während die Berge dunkle Schatten über das Wasser warfen. Amarí erschien der Mond, der sich mit seinem strahlenden Licht nun auch im See spiegelte, heute besonders groß.

„So“, stellte Altos nach einer Weile fest, drückte seine Zigarre aus und watete ins Wasser. „Mir nach!“ Er badete nicht. Zielgerichtet verschwand er einfach in dem silbern glänzenden Wasser, und zwar ganz und gar. „Das ist jetzt nicht euer Ernst!“ entfuhr es Amarí. Die anderen schauten ihn überrascht an. Nur Ana setzte sich für einen Moment an seine Seite. „Mach dir keine Sorgen, Amarí. Alles wird gut. Dir wird nichts passieren.“ Ihre klare, wärmende Stimme wirkte beruhigend, doch wirklich überzeugt war Amarí nicht. „Warum erklärt mir niemand, was hier passiert?“ „Weil es viel schöner ist, Dinge selbst herauszufinden, sie wahrhaftig und unvoreingenommen zu erfahren, sie im wahrsten Sinne des Wortes zu ER-leben, anstatt über sie belehrt zu werden. Und was du selbst herausfindest, das weißt du dann auch wirklich. Denn wir lernen vor allem durch Erfahrung. Deine eigene Erfahrung kann ganz anders sein, als die der anderen. Es gibt Dinge, die nur du selbst ergründen kannst. Und letztendlich kannst auch nur du selbst wissen, welche Bedeutung deine Erlebnisse für dich haben. Doch nun vertrau mir einfach wenn ich dir sage, dass du nicht ertrinken wirst. Du wurdest gut auf diesen Moment vorbereitet, auch wenn es dir vielleicht nicht bewusst ist."

Bis auf Amarí und Ana waren bereits alle Vögel im See verschwunden. Jetzt ging Ana auf das Wasser zu und berührte Amarís linken Flügel mit dem ihren. „Na, komm schon mit", flüsterte sie in demselben Tonfall, in dem sie manchmal mit den Vogelkindern sprach. Und Amarí ging mit – wenn auch mit gemischten Gefühlen. Das Wasser war nicht so kühl, wie er vermutet hatte. Noch bevor sie ganz in den See eintauchten, vernahm Amarí ein feines Klirren, das zu ihnen aus den Tiefen des Sees heraufstieg und fragte sich, was ihn wohl unter der Oberfläche erwarten würde.

Als Amarí seinen Kopf unter Wasser tauchte, stellte er überrascht fest, dass es dort nicht dunkel, sondern hell war, heller sogar als über der Wasseroberfläche. Und er konnte auch erstaunlich gut atmen! Je tiefer er an Anas Seite in den See eintauchte, umso heller wurde es. Ständig veränderte sich die Farbe des Wassers. Mal war es ganz hellblau, mal dunkelblau, dann wurde ein leuchtendes Lila daraus und schon bald ein Moosgrün. Bisweilen schimmerte das ganze Farbspektrum des Regenbogens auf einmal darin. Hin und wieder glitzerte es auch um sie her und Amarí vernahm dabei wieder seltsam klirrende Klänge. Alles war in ständiger Bewegung und ebenso wie sich um ihn her alles bewegte und drehte, so bewegte und drehte sich auch alles in ihm. Angst und Freude, Schwere und Leichtigkeit, Argwohn und Euphorie wechselten sich in ihm ab oder waren sogar gleichzeitig präsent und schillerten bunt kreuz und quer. Auf die klirrenden Klänge folgten zunächst ein tiefes Brummen und dann ein sattes Rauschen. Sein kleiner Körper drehte und dehnte sich, was er als befremdlich, aber nicht als unangenehm empfand. Amarí schloss die Augen und ließ all das einfach geschehen. Er vergaß für einen Moment, wo er sich befand und atmete tief. Dann fiel es ihm wieder ein: Er konnte wirklich unter Wasser atmen! Das konnte er immer noch nicht so ganz glauben. Erleichtert öffnete er die Augen. Und genau in diesem Moment blickte er in jene ihm bereits bekannten grünen Augen, die ihn zunächst mit dem Ausdruck tiefster Trauer und dann sogleich mit eisiger Kälte durchbohrten. Hatte er sich nicht bereits mit der Schlange angefreundet? Und jetzt das! Halb starr vor Angst blickte sich Amarí suchend nach Ana um, doch sie war verschwunden und mit ihr auch all die Farben, die eben noch da gewesen waren. Weit und breit war nichts als Dunkelheit.

Amarí spürte, wie er immer weiter nach unten sank. Schließlich schien er in einem leeren Raum zu schweben, der immer noch dunkler wurde. Schließlich hatte er das

Gefühl, mutterseelenallein auf dem Grunde eines riesigen, seltsam trostlosen Meeres zu sitzen, ganz und gar im Stich gelassen von jeglicher lebenden Seele. Das Gefühl der Verlassenheit, ja, der völligen Einsamkeit schnitt ihm nun derart tief in sein Herz, dass es kaum mehr erträglich war. Dem kleinen Vogel wurde durch und durch kalt und er begann am ganzen Körper zu zittern.

Wieder näherte sich Lunala mit kalt funkelnden Augen. Gerade wollte Amarí in das Grün ihres Blickes eintauchen, wie er es bei ihrer letzten Begegnung getan hatte, da riss die Schlange ihr triefendes Maul auf und entblößte furchtbare Zähne. Amarí war wie gelähmt. Und ehe er sich´s versah packte und verschlang die Schlange den kleinen Vogel. Um ihn wurde alles schwarz und still.

Nach einigen Momenten völliger Dunkelheit erkannte Amarí das Bild des kecken grünen Olai und der kleinen roten Nentu und einiger anderer Kameraden aus dem Saal der goldenen Scheiben vor sich; da war auch sein Kastanienbaum und schließlich erhaschte er auch einen ganz kurzen Blick auf Lerla, die ihn aus ihren klugen schwarzen Augen anlächelte. Dann hörte er wieder das Quitschern von Anas und Altos´ Vogeljungen, das immer lauter wurde. In Amarís Schläfen trommelte und dröhnte es, seine Gedanken überschlugen sich, er rang nach Atem, ihm wurde schwindelig und schließlich so speiübel, dass er würgen musste.

Schließlich wandelte sich das Bild: Als würde Amarí wach träumen, sah er auf einmal im halbdunklen Licht, wie ein noch ganz kleines flauschiges Vogelkind aus seinem Nest hinunter auf den harten Boden fiel. War es einfach gefallen oder war es gestoßen worden? Amarí meinte, da noch einen Schnabel gesehen zu haben, aber es ging alles zu schnell, als dass er sich hätte sicher sein können. Der Absturz und der Aufprall des Vogelkindes waren schon grausam genug, aber das war noch nicht alles: Garstige Schnäbel packten das kleine Wesen jetzt von allen Seiten, hackten auf es ein und zogen und zerrten an ihm, als wollten sie ihm bei lebendigem Leibe sein kleines Vogelherz herausreißen. Denn sie wussten, dass es ein goldenes Herz war, eines, das besonders laut und lebendig schlug. Amarí verstand zwar nicht was er da sah, doch konnte er durch und durch den Schmerz des Vogelkindes in sich spüren, ja, es war als ob das Junge in ihm wohnte, oder als ob er selbst dieses kleine Wesen war.

Wieder spürte er diesen tiefen stechenden Schmerz in seinem Herzen, einen Schmerz, der sich anfühlte wie das Ende allen Lebens, und wenn nicht das, so doch das Ende allen Vertrauens und aller Liebe, was vielleicht noch schlimmer war als das Ende des Lebens selbst. Amarí wehrte sich nun nicht mehr gegen das, was er empfand. In diesem Moment begann sich sein Körper zu entspannen und er konnte wieder besser atmen. Gleichzeitig breitete sich in Amarí ein tiefes Mitgefühl für das Vogelkind aus, das nach wie vor attackiert wurde. Amarí rang erneut nach Luft. Plötzlich sah Amarí wiederum den weit aufgerissenen Schlund Lunalas vor sich, die erst einige klagende, winselnde und weinende Töne von sich gab, dann jedoch unglaublich böse zu fauchen und zu knurren begann. Amarí konnte auf einmal gar nicht anders als seinen Schnabel ebenfalls weit aufzureißen, immer noch weiter, so weit, bis auch aus seinem kleinen Schnabel ein klaffender Schlund geworden war. Und nun fauchte und knurrte auch er, erst leise gurgelnd, dann immer tiefer und lauter. Dabei riss er seinen Schlund immer noch weiter auf, ganz so, als wäre er jetzt selbst die Schlange und als hätte er Lunala verschlungen, die jetzt im Inneren seines Körpers saß, obwohl es doch eigentlich umgekehrt war. Auf einmal wuchs in Amarís weit aufgerissenem Maul ein Raubtierzahn, der gefährlich im Halbdunkel blitzte. Nochmals knurrte und fauchte der Vogel mit aller Kraft und erschrak selbst, als aus dem Knurren und Fauchen ein ohrenbetäubendes Brüllen wurde, das dem eines gewaltigen Raubtieres ähnelte. Winselnd entfernten sich die garstigen Schnäbel.

Das flauschige Vogelkind lag zitternd auf dem kalten Boden. Amarí schloss sein Maul, das sogleich wieder zum zahnlosen Schnabel wurde, legte liebevoll seine Flügel um das kleine Wesen und drückte es an sein Herz. Wie von selbst stiegen sanfte Töne und Melodien aus seinem Inneren herauf: Amarí sang für das Vogelkind. Es war ein leiser, zarter Gesang, der das kleine Wesen in Liebe und Geborgenheit hüllte, es tröstete, liebkoste und beschützte. Dieser Gesang mit all seiner Heilkraft sank immer noch tiefer in Amarís Wesen hinein, sank weit in seine Seele, immer tiefer hinein, ganz sanft, ganz leise, ganz heilsam und liebevoll. Amarí konnte fühlen, wie sich das Vogelkind beruhigte, immer mehr in sein Herz hineinsank, dort schließlich hell zu leuchten begann und leise … quitscherte!

Er wurde nun gewahr, wie er sich selbst ausdehnte und in seinen eigenen Tönen badete, eins wurde mit diesem

Gesang, der aus den Tiefen seines Wesens kam, eins mit Lunala, eins mit diesem unendlichen Meer, ja, ihm war, als wäre er nun selbst dieses Meer, ganz und gar dunkel und doch voller Licht und Farben, Kraft und Zauber, mächtig, uralt und geheimnisvoll. Und je mehr das Vogelkind in Amarís Herzen heilte und dabei zunehmend leuchtete – und quitscherte! –, begann auch das Meer um ihn her wieder heller zu werden und zu leuchten.

Eine Welle aus Licht und Tönen ergriff Amarí und wirbelte ihn kräftig umher. Und plötzlich merkte er, dass er sich nicht mehr im Inneren Lunalas befand, sondern dass er auf ihrem Rücken saß und mit ihr durch dieses Meer aus Klängen und Farben tauchte. Gemeinsam sangen sie eine Melodie, die zu duften schien und immer noch kraftvoller und strahlender wurde, eine Melodie, die Farben und Formen entstehen und wieder entschwinden lassen konnte. Das leuchtende Vogelkind in Amarís Herzen sang und quitscherte dabei fröhlich mit. Und ab und zu tauchte in ihrer aller Gesang wieder dieses Knurren auf, wobei Amarí unwillkürlich an einen Jaguar denken musste. Er ließ dieses Knurren nochmals in sein Wesen sinken und spürte dabei eine unglaubliche Kraft!

Die Lebendigkeit der Schlange, die sich anmutig und gewandt durch die Meerestiefen bewegte, beeindruckte Amarí sehr. Und genau in diesem Moment tauchte Lunala mit voller Kraft aus dem Wasser hinaus und in den sternenübersäten Himmel hinein. Amarí konnte nun Lunalas Flügel erkennen und sehen, dass ihr Körper nicht nur mit Federn und Schuppen bestückt war, die in allen Regenbogenfarben schimmerten, sondern zudem hier und da wie das Fell eines Jaguars gezeichnet war. Was für ein wunderschönes Tier!

Während sie durch den Himmel tauchten, fiel Amarí ein Stern auf, der besonders hell leuchtete. Mit voller Kraft flog Lunala genau auf diesen Stern zu und ehe sich´s Amarí versah, badete er schon in dessen Licht, und spürte, wie das Sternenlicht durch seinen ganzen Körper strömte. Es fühlte sich an wie reine Liebe. Amarí fühlte sich frei, geborgen, kraftvoll und ganz. Und unendlich glücklich. Und für einen ganz kurzen Moment war es Amarí, als erkenne er in dem Sternenlicht die schattenartigen Umrisse eines Vogels mit einer Federkrone auf dem Kopf. Im nächsten Moment tauchte Lunala schon wieder zur Erde herab, zurück in das bunt klingende Meer.

# Tief im Inneren

Während seiner Reise mit Lunala war Amarí jegliches Zeitgefühl verloren gegangen. Nachdem sie wieder in die Tiefen des Wassers eingetaucht waren, tat sich vor ihnen ein heller Raum auf. Welches Ausmaß dieser Raum wirklich besaß, war schwer zu erkennen. Nach oben schien er sich ins Unendliche zu wölben, obwohl die dort funkelnden Sterne zum Greifen nah waren. Lunala hielt an und Amarí sah sich um. Die Seiten des Raumes leuchteten zum Teil wie von goldenem, silbernem, bronzefarbenem und grünem Licht durchwobene Kristallspiegel; an anderen Stellen konnte Amarí in den Kristallspiegeln Wald erkennen und glitzerndes Wasser. Mal sah all das ganz echt aus, wie wirklicher Wald und echtes Wasser, und im nächsten Moment schienen es wieder Spiegel aus Kristall zu sein, die diese Bilder in sich bargen. Der helle Raum, der eine große Wärme ausstrahlte, schien Wände zu haben, die doch keine waren. Und diese Wände, die keine waren, schienen zu vibrieren und zu atmen.

Amarí sah nun, dass sich am Ende des Raumes, das im nächsten Moment wieder wie dessen Mitte erschien, noch viele andere Vögel befanden. Altos! Ana! Auch Silberfeder und Querubín waren da. Und sogar Salinok war hier! Und viele andere bunte Vögel, darunter nicht wenige, die Amarí im Waldland noch nie gesehen hatte. Einige sahen sehr fremdartig aus, noch bunter als die Waldvögel und mit seltsam geformten Köpfen und Schnäbeln und riesigen Flügeln.

Lunala begann wieder zu singen und mit ihr alle anderen Vögel, jeder in seinem eigenen Ton und in seiner eigenen Melodie, und doch in einem zauberhaften Miteinander. Amarí hörte in dieser großartigen Symphonie auch die Gesänge des Waldes, die er bei seinem ersten Ritual im Waldland gehört hatte; auch die Musik der Sterne und das Gequitscher quirliger Jungvögel tönte darin. Außerdem waren ganz neue Töne dabei, die er noch gar nicht kannte. Diese wiederum klangen, als würden sie ganz neuen Welten entstammen, die er mit jenen Vögeln verband, die so seltsam geformte Köpfe besaßen und die er noch nie gesehen hatte. Der Gesang hallte von allen Seiten zu ihnen zurück und vermengte sich wiederum mit Tönen, die Amarí auf seiner Reise mit Lunala durch die Tiefen des Wassers und die Weiten des Himmels vernommen hatte. Amarí schloss noch einmal die Augen, um diese Gesänge mit ganzer Seele zu genießen. Um ihn her raschelte und duftete es und auf seinem Kopf spürte er ein Kitzeln. Dann war es abrupt still. Jemand blies Amarí ins Gesicht.

Als er die Augen wieder öffnete sah er in Lunalas leuchtend grüne Augen. „Steig ab!“, flüsterte sie. Das Flüstern schien nicht nur aus ihrem Maul, sondern aus ihrem ganzen Körper zu tönen. Amarí stieg vom Rücken der Schlange und strich mit seinem Flügel sanft über ihre weiche, duftende, ewig zu fließen scheinende bunt- und jaguaartig gezeichnete Federschlangenhaut. Lunala bewegte ihren Kopf noch näher zu dem kleinen Vogel hin, öffnete ihr Maul erneut und hauchte ihn an. Ihr Atem, der nach wilden Kräutern und auch ein bisschen nach Tabak roch, legte sich um Amarís Hals, verdichtete sich und wurde zu einer Kette. Der goldgelbe Vogel betastete die Kette und erfühlte einen Raubtierzahn, der jetzt auf seiner bebenden Vogelbrust ruhte. Nochmals blies Lunala ihm ins Gesicht und schaute ihm noch ein letztes Mal tief in die Augen und glitt davon. Amarí meinte, ein Lächeln in ihrem grünen Blick gesehen zu haben.

Zwar tat es ihm leid, dass seine Reise auf diesem wunderbaren Wesen vorerst zu Ende war, doch freute er sich gleichzeitig sehr, seine Freunde wiederzusehen und dabei festen Boden unter den Füßen zu spüren.

„Wo sind wir hier?" Fragend schaute er zu den Ältesten, die ihn still ansahen. „Wir befinden uns tief im Inneren des Herzsees, in einem Raum jenseits des Raums", antwortete Silberfeder. Jetzt sprach Querubín und lächelte ihn dabei freundlich an: „Du hast dich wacker geschlagen, kleiner Kamerad. Schön, dass du dich mit Lunala so gut anfreunden konntest! Das wird ihr und dem Herzsee sehr helfen – und damit letztendlich uns allen!" „Wie meint ihr das?" Amarí waren die Zusammenhänge nicht ganz klar, auch wenn etwas tief in seinem Herzen diese bereits erahnte. „Der Herzsee, mein Freund", sprach Querubín mit warmer geduldiger Stimme weiter, „speichert den Schmerz aller Herzen auf der Welt und damit meine ich die Schmerzen all der verschiedenen Welten in unserer einen großen Welt. Lunala ist die Hüterin des Herzsees. Und seine Heilerin. Das ist viel Arbeit, weißt du, das schafft sie nicht allein. Deshalb unterrichtet sie uns hin und wieder ein bisschen, unterweist uns in ihrer Kunst, damit wir ihr helfen können. Auch dich hat sie dazu auserwählt. Deshalb hat sie dich zu uns geschickt."

Amarí verstand jetzt ganz und gar. Doch Querubín war noch nicht fertig: „Du hast hierher gefunden, weil die Sehnsucht in deinem Herzen so unendlich groß war, dass du gar nicht anders konntest. Nur auf diese Weise gelangen Vögel aus anderen Regionen und Dimensionen der Welt zu uns ins Waldland und letztendlich auch hier an diesen Ort."

Er macht eine Pause und lächelte. Amarí sah, wie ihn auch all die anderen anwesenden Vögel freundlich und wohlwollend anschauten. Es wärmte ihm das Herz. Dann wurde Querubín wieder ernst.

„Und jetzt, du mutiger, kleiner, großartiger, goldgelber Vogel, jetzt musst du eine Entscheidung treffen!" Amarí war erstaunt. „Was für eine Entscheidung?" Querubín blickte ihn durchdringend an und Amarí verspürte eine Ahnung. „Du musst dich entscheiden, ob du von hier aus wieder zurück in dein Land gehen möchtest, oder ob du bei uns im Waldland bleiben willst." Amarí schluckte. Vor diesem Moment hatte er sich, ohne sich dessen bewusst zu sein, schon lange gefürchtet. Er schaute Silberfeder an und dieser schien seine Gedanken zu lesen. „Möglicherweise ist das Waldland nicht so weit weg vom Saal der goldenen Scheiben, wie es dir im Moment erscheint", sprach Silberfeder sanft zu Amarí. „Schließlich gibt es hier ja auch noch sehr viel mehr zu lernen", fügte er noch hinzu. Amarí schaute mit Bewunderung hinüber zu den Ältesten mit ihren bunten Federkronen und den vielen Jaguarzahnketten. „Und Lunala kannst du dort genauso wie hier unterstützen, es ist egal, wo du lebst. Entscheidend ist, wie du lebst und was du tust."

Amarí war erleichtert. In seinem Herzen war die Entscheidung schon gefallen. Oder besser gesagt: Es gab nichts zu entscheiden. Sein Herz kannte bereits seinen Weg. Und den musste er dann wohl auch gehen.

„Ich gehe zurück", hörte er sich leise sagen. „Das hat mich noch nicht überzeugt", antwortete Querubín. „Ich gehe zurück!" Diesmal klang Amarís Stimme laut und deutlich und fest entschlossen. Querubín lächelte. „Dann ist es also entschieden", nickte er nun. Amarí nickte ebenfalls, aber ihm fehlten die Worte. Er schaute sich im Raum um und blickte in die Gesichter seiner Freunde, die er während seiner Zeit hier im Waldland so lieb gewonnen hatte. Er spürte einen dicken Kloß im Hals. So war es also, wenn man sich wirklich anschaute, sich gesehen fühlte, wahrhaftig verbunden war, anstatt – wie es im Saal der goldenen Scheiben üblich war – vorwiegend äußere Erscheinungen zu bewundern.

Nur mit Mühe und dünnem Stimmchen brachte er heraus: „Ich danke Euch von ganzem Herzen für alles." Es wurde gehört.

„Du kommst uns doch hoffentlich ab und zu mal besuchen?", fragte Ana. „Natürlich!" Amarí umarmte Ana. Neben Ana stand Salinok und Amarí freute sich riesig, ihn wiederzusehen. „Du bist zurück!" „Nein, noch nicht ganz", antwortete Salinok, „aber ich wollte mir doch deine nächste Krönung nicht entgehen lassen!" „Was für eine Krönung?" Amarí wunderte sich. Salinok wies nun auf die kristallenen Spiegelwände, die sich an der linken Seite des

Raumes befanden und die nun tatsächlich eher nach Spiegeln als nach echtem Wald aussahen. Amarí schaute erst Salinok an, dann die Spiegelwand und wieder Salinok. „Na schau schon hinein!“ Amarí tat wie ihm geheißen und begab sich zu den Spiegeln. Nun sah er, dass er jetzt drei Federn auf dem Kopf trug! Eine blaue, eine grüne und jetzt auch noch eine rote. Er wackelte mit dem Kopf, die Federn wackelten mit. Dann fiel sein Blick auf die Kette mit dem Jaguarzahn. Fragend schaute er zu Salinok.

„Was es mit der geheimen Kraft der Jaguarzahnkette auf sich hat, das wirst du selbst herausfinden. Lunala hat sie dir persönlich verliehen und wird am besten wissen, warum sie das tat.“ Amarí dachte an seinen Kampf gegen den Schmerz und an das verletzte Vogelkind, an das Jaguarbrüllen und an den besonders zarten Heilgesang. Und an den Stern, in dessen Licht er hatte baden dürfen. Und an all die Klänge und Farben. Und an Lunala.

„All diese Dinge muss man sich verdienen, wie auch die Federn. Man bekommt sie erst, wenn man das Wissen und die Kraft dazu hat, sie zu tragen“, fügte Salinok hinzu. Amarí betrachtete seinen Jaguarzahn, der kurz zuvor noch Schlangenatem gewesen war, und schaute daraufhin nochmals beeindruckt hinüber zu den ältesten Vögeln, die so viele Jaguarzahnketten auf ihren Körpern und stattliche Federkronen auf ihren Köpfen trugen. Sein Blick fiel auf Silberfeder, der Amarí heranwinkte. Also begab sich Amarí hinüber zu den Ältesten.

„Da ist noch etwas, mein Freund“, sagte Silberfeder. „Die Federn und auch die Kette sind in deiner Welt für die anderen unsichtbar, das solltest du vielleicht noch wissen.“

Amarí war überrascht und auch etwas enttäuscht. „Ob es dann für mich im Saal der goldenen Scheiben wieder so sein wird, als sei all dies nur ein Traum gewesen?“, dachte Amarí laut. „Einige aus deiner Welt werden es wahrscheinlich so sehen, wenn du ihnen von deinen Erlebnissen erzählst. Ich würde aber sagen, du bist gerade sehr wach!“, antwortete Silberfeder.

„Wisst ihr, wie mir meine Heimat hier aus der Ferne so erscheint?“ Amarí blickte traurig vor sich hin, während er sprach. „Wie eine Welt voller Vögel mit gebrochenen Flügeln. Und das Schlimmste daran ist, dass sie denken, so sei es normal. Sie haben vergessen, wer sie sind. Nämlich Vögel mit Flügeln!“

„Und mit einzigartigen Stimmen!“, fügte Salinok hinzu, der jetzt hinter ihm stand. „Vielleicht brauchen sie jemanden, der sie wieder daran erinnert?!“, sagten Silberfeder und Querubín gleichzeitig und schauten Amarí erwartungsvoll an. Nach einer Pause sprach Querubín weiter: „Es ist gut, dass du Mitgefühl hast. Es ist gut, dass du gelernt hast, hinter die Spiegel zu sehen. Aber hüte dich dennoch davor, andere zu eilig zu bewerten. Man kann sich leicht irren, weißt du. Dies hier ist dein Weg. Und auch wenn andere in Zukunft viel von dir lernen können, so bleibe doch bescheiden. Sieh tiefer. Sieh die Vögel in ihrer Essenz – singend und fliegend und frei. Denn das sind sie. In jedem Moment. Jeder!“

Amarí ließ Querubíns Worte auf sich wirken. Dann spürte er, dass jetzt der Zeitpunkt gekommen war, auf Wiedersehen zu sagen. Abschiedsschmerz, Liebe und Dankbarkeit, aber auch die Vorfreude darauf, endlich Lerla und seinen Kastanienbaum wiederzusehen, all das war gleichzeitig in Amarí. Seine Freunde bildeten einen Kreis um ihn und gemeinsam begleiteten sie ihn wieder zurück zu den seltsam lebendig erscheinenden Kristallspiegeln. Eine Träne kullerte ihm die Wange herab. Ana begann einen sanften Gesang, der dem Wiegenlied ähnelte, das sie abends immer für ihre Jungen gesungen hatte, aber doch auch ein kleines bisschen Amarís Heilgesang für das verletzte Vogelkind. Die anderen stimmten ein. Es war wie ein Bad in Freundschaft, Wohlwollen, Geborgenheit, ja, in reiner Liebe. Amarí hielt sich nun nicht mehr zurück und weinte vor Glück und Dankbarkeit. Aber auch vor Abschiedsschmerz. Die Wände des Raumes tief im Inneren, die doch keine Wände waren, schienen nun noch mehr zu vibrieren.

„Auf Wiedersehen, Amarí! *Wanao Resambi!*", riefen ihm die Waldvögel zu. „Und vergiss nicht, wahr ist das, was tief in dir klingt!", rief Salinok. „*Wanao Resambi*!", tönte Amarí zurück. Die Kristallwand tat sich auf und ihn ein helles Licht sog ihn in sich ein. Und plötzlich…

… saß Amarí wieder auf seinem Kastanienbaum im Saal der goldenen Scheiben.

## Heimkehr

Es war ein seltsames Gefühl, wieder zu Hause zu sein. Das Waldland war ihm ja nun ebenso ein Stück geworden. Wie lange war er überhaupt fort gewesen? Amarí schaute sich um. Sein Kastanienbaum war voller vertrockneter Blätter. Damit die alten Blätter gänzlich abfielen, schüttelte Amarí nun mit all seinen Vogelkräften, zu denen sich ja nun auch eine gute Portion Waldland-Jaguarkraft gesellte, die Zweige aus. Die Blätter fielen leicht herab, als hätten sie nur darauf gewartet, zur Erde zurückzukehren.

Amarí sah, dass unter den verdorrten Blättern schon ein paar junge Triebe hervorsprossen. Das Wasser lief ihm im Schnabel zusammen. Er hatte im Waldland stets gut gegessen, aber Kastanientriebe, die gab es dort nicht. Also knabberte er erst einmal genüsslich einen Trieb an. Er schmeckte irgendwie nach … Heimat! Erst jetzt bemerkte Amarí, wie sehr er diesen vertrauten Geschmack vermisst hatte. Frisch gestärkt machte er sich nun daran, die alten Blätter sorgsam beiseite zu räumen, an einen Ort unweit des Baumes, an dem sie der Erde wieder guter Nährboden für neue Wunder der Schöpfung sein konnten.

Was lässt sich nun noch erzählen? Wie sollte Amarí nach all diesen einschneidenden Erlebnissen im Waldland, die ihn zutiefst verändert hatten, wieder hier im Saal der goldenen Scheiben ankommen und weiterleben?
Nun, ganz bald traf er seine Kameraden wieder, Nentu und Olai und die anderen. „Amarí, alter Junge, wo bist du

denn die ganze Zeit gewesen?!", hatten sie laut und freudig gerufen, als sie ihn wiedersahen. Doch eine Antwort hatten sie kaum abgewartet, denn sie waren schon wieder eilig unterwegs zu den goldenen Spiegelscheiben.

Wer jetzt denkt, dass Amarís Leben von nun an einfach und leicht verlief, weil er ja nun weise oder gar erleuchtet und auf jeden Fall mit der besonderen Jaguar- und Federschlangenkraft ausgerüstet war, der irrt sich. So leicht war es nicht. Denn seine alten Kameraden behandelten ihn natürlich so, als wäre alles wie vorher. Aber das war es ganz und gar nicht! Zumindest nicht für Amarí, wenngleich er manchmal versucht war, das alte Spiel wieder mitzuspielen. Doch sobald er dies tat, erinnerte ihn sein eigener Unmut daran, dass etwas nicht stimmte. Und Lerla. Auch sie traf er ganz bald wieder. Und im Gegensatz zu den anderen konnte sie wahrhaftig zuhören. Ihr erzählte er seine Geschichte. Zumindest erzählte er ihr das, was sich erzählen ließ. Lerla verstand ohne viel zu fragen. Und immer wenn Amarí vergaß, wer er eigentlich war und was er schon alles erlebt hatte, und das passierte gerade am Anfang häufiger, erinnerte sie ihn wieder daran. Ein Blick von Lerla und Amarí wusste, wieder wer er tief in seiner Seele war und dass er einst im Waldland gewohnt und dort viele wundervolle Freunde hatte und dass er mit der Seeschlange Lunala gesungen, ein verletztes Vogelkind gerettet, im Sternenlicht gebadet und sich bereits drei Federn und eine Jaguarzahnkette verdient hatte.

Leider ist es nun einmal leichter unsichtbar zu bleiben als wirklich der zu sein, der man ist, und zwar in voller Größe und Schönheit. Doch wie gesagt, zum Glück gab es

Lerla. Ihr konnte Amarí so manches anvertrauen, was er Olai und Nentu niemals erzählen würde. In manchen Momenten auf seinem Kastanienbaum fühlte sich Amarí eben doch wieder so verloren wie früher. Dann überkam ihn wieder die alte Sehnsucht. Manchmal traf er dann den Schwan wieder, mit dem er jederzeit sprechen und fliegen konnte. Und oft sang er in solchen Momenten auch wieder den Heilgesang für das Vogelkind.

Einmal hörten Olai und Nentu, die sich gerade auf dem Weg zu den goldenen Spiegeln befanden, dabei zu. Amarí hatte sie nicht bemerkt, denn er schloss ja meistens die Augen, wenn er sang. Als er sie nach einer Weile öffnete, sah er, dass Olai ganz verwirrt dreinblickte und Nentu weinte. „Was war das?", hatte Olai erstaunt, aber auch fast ein bisschen gereizt gefragt. Nentu dagegen hatte gerufen: „Bitte, sing weiter!"

Je mehr Amarí sich traute, der zu sein, der er war, je mehr er sich seiner Welt zeigte, anstatt sich in seiner Unsichtbarkeit zu verstecken, umso mehr veränderte sich auch seine Umgebung. Einige waren irritiert oder reagierten sogar – wie Olai – ärgerlich. Manche bekamen auch Angst vor Amarí und redeten schlecht über ihn. Andere Vögel – wie Nentu – waren berührt und gleichzeitig inspiriert, ihre eigene Tür oder ein Fenster zu finden, durch das sie über ihre alten Gewohnheiten und Denkweisen hinauswachsen konnten.

Lerla aber hielt stets zu ihm; sie und Amarí blieben seit seiner Rückkehr in den Saal der goldenen Scheiben unzertrennlich. Gemeinsam flogen sie im Traum an manch fernen Ort, und ab und zu schauten sie auch im Waldland vorbei. Und Lunala, die besuchte Amarí sehr oft, und sie ihn. Denn schließlich gab es ja noch so viel zu lernen! Nach und nach stellte Amarí fest, dass es doch auch in den Sälen der goldenen, bronzenen und silbernen Scheiben Vögel gab, die schon einmal in jenem Raum „tief im Inneren“ gewesen waren, also eine ähnliche Geschichte in sich trugen wie Amarí, nur eben anders. Das fand Amarí sehr beruhigend und es machte ihm Mut.

Und auch was es mit der geheimen Kraft der Jaguarzahnkette – die so geheim ist, dass sie hier leider nicht beschrieben werden kann – auf sich hatte, fand Amarí mit der Zeit heraus. Und wie es Silberfeder und Querubín schon vorausgesagt hatten erinnerte der kleine große goldgelbe Vogel die Vögel im Saal der goldenen Scheiben wieder an das Singen und an die Sache mit dem eigenen Ton. Und daran, sich doch auch auf die Reise zu ihrem eigenen Heilgesang zu machen. Und schließlich erinnerte er sie auch an das Fliegen, erst ganz heimlich, aber dann…

Nicht, dass er ihnen ständig unter den Schnabel rieb, was ihnen alles fehlte. Er tat dies, indem er sie als das ansah, was sie wirklich waren: ganz, unversehrt, singend, fliegend und frei!

Einfach war es nicht. Doch es hat sich gelohnt.

ENDE

**Zur Autorin**

Margrit Jütte ist promovierte Ethnologin und verbrachte mehrere Jahre in Kolumbien, wo sie bei indigenen Völkern über Schamanismus, Mythologie und Heilrituale forschte. Ihre Erfahrungen in Südamerika sowie ihre Passion für die archaische Transformationskraft Innerer Bilder prägen heute nicht nur ihr Schreiben und ihre Musik, sondern auch ihre Arbeit als Deep Imagery Guide und Coach. Aktuell lebt die Autorin im Leipziger Neuseenland.

Erfahren Sie mehr:

www.margrit-juette.de

Anthropology & Deep Imagery

Vorträge - Konzerte - Innere Reisen - Coaching

## Reisende im Strom der Zeit. Zum Yajé (Ayahuasca)-Gebrauch der kolumbianischen Cofán

*Margrit Jütte. Reihe Ethnologie/Anthropology Bd. 64, LIT-Verlag Berlin 2016, 364 Seiten. ISBN 978-643-13268-0 / € 34,90*

Diese, auf einer langjährigen Feldforschung basierende **ethnographische Fallstudie** über den Schamanismus der indigenen Cofán (kolumbianisches Amazonasgebiet) beschäftigt sich mit dem kulturellen Kontext des Gebrauches der als lebendiges Wesen angesehenen Pflanze **Yajé (Ayahuasca)** sowie der mit diesem Gebrauch verbundenen **lokalen Ethik**. Daneben beleuchtet sie u.a. alte und neuere schamanische Netzwerke der Cofán, den Transfer ihrer Yajé-Rituale in urbane Zentren und in das Ausland, die Entstehung eines neuen transnationalen Cofán-Novizentrums und die Rückwirkung all dessen auf die lokale Ebene.

20346031R00072

Printed in Poland
by Amazon Fulfillment
Poland Sp. z o.o., Wrocław